Wolfgang Schnepper

Das universelle Fußballbuch über Kindertraining

Psychische, mentale und taktische Aspekte im Kinderfuß-
balltraining / 30 komplette Trainingseinheiten für Bambinis
und die F-Jugend / über 120 Übungen für die F- bis D-Jugend
/ neues Regelwerk im Kinderfußball / ausführliches Torwarttraining ab D-Jugend / Trainerschein, ja oder nein? / Welchen
Trainerschein sollten Kindertrainer/innen haben / Kopfballtraining, ja oder nein? / Welche Verhaltensweisen gegenüber
Eltern, Kindern, Zuschauern, Schiedsrichtern und Verein sind
empfehlenswert? / und vieles mehr

Wolfgang Schnepper, Jahrgang 1964, Diplomsportlehrer,
Ex-Bezirksligaspieler im Fußball,
1988-89 in der deutschen Triathlonspitze,
1990 Bayerischer Meister im Body-Building,
1998 Konditionstrainer im bezahlten Fußball,
Fußballabitur mit der Note "sehr gut",
2003 - 2006 Sportlehrer an einer Gesamtschule,
Autor mit über 45 geschriebenen Büchern über Kurzge-
schichten, Erzählungen und über Fußballtraining, Fußballro-
man, Fußballgeschichte, Sportpsychologie, Fitness und vieles
mehr.

Bibliografische Informationen der Deutschen
Nationalbibliothek: Die Deutsche Nationalbibliothek
verzeichnet diese Publikation in der Deutschen
Nationalbibliografie; detaillierte bibliografische Daten sind
im Internet über http://dnb.d-nb.de abrufbar.
©2024 Wolfgang Schnepper
Verlag: BoD • Books on Demand GmbH, In de Tarpen 42, 22848
Norderstedt
Druck: Libri Plureos GmbH, Friedensallee 273, 22763 Hamburg
Satz und Layout: Wolfgang Schnepper
Grafiken und Bilder Manfred Claßen, coachfix Covergrafik:
© iStockphoto LP
ISBN 978-3-7579-3771-7

Inhalt

Inhalt

Inhalt

Inhalt

Vorwort

Vorwort

Hier bekommst du ein einzigartiges Fußballbuch, welches dir alle wichtigen Informationen für ein optimales Kindertraining liefert und dich gleichzeitig zum perfekten Trainer oder Trainerin macht:

- 30 komplette Trainingseinheiten für Bambinis und die F--Jugend mit vielen Skizzen
- Über 120 Übungen für die F- bis D-Jugend mit vielen Skizzen
- Moderne und Trainings- und Wettkampfspiele mit Skizzen
- Trainerschein, ja oder nein?
- Welchen Trainerschein sollten Kindertrainer/innen haben?
- Neues Regelwerk im Kinderfußball
- Ausführliches Torwarttraining für die D-Jugend mit Skizzen
- Psychische und mentale Aspekte im Kindertraining
- Welche Verhaltensweisen sind für den Kindertrainer oder der Kindertrainerin gegenüber Spielern, Eltern, Zuschauern, Schiedsrichtern und dem Vorstand empfehlenswert?
- Ziele des Kinderfußballs
- Psyche von Kindern
- Trainingseinheit Geburtstag
- Richtlinien für Kindertrainer/innen
- Gibt es Sanktionen im Kinderfußball?

Psyche

Bei der allgemeinen Definition von Psyche wollen wir uns relativ kurz fassen. Die Psyche wird als ein Ort menschlichen Fühlens und Denkens aufgefasst.
Sie ist die Gesamtheit aller geistigen Eigenschaften und Persönlichkeitsmerkmale eines Menschen. Im Gegensatz zur Seele beinhaltet die Psyche somit keine transzendenten Elemente.

In der Medizin nimmt man heute an, dass Körper (Physis) und Geist (Psyche) nicht grundsätzlich voneinander unabhängig sind, sondern sich gegenseitig beeinflussen können. Dies bezeichnet man als den allseits bekannten Ausdruck "Psychosomatik".

# Psychologie im Sport

Kommen wir direkt zum wichtigsten Grundsatz für Sportler, Trainerinnen und Trainer:
Nur wer den Misserfolg und die Niederlage nicht fürchtet, kann seine gesamte Energie für eine bessere oder sogar optimale Leistung aktivieren.

Wir brauchen also Sportlerinnen und Sportler, die den Misserfolg nicht fürchten, sondern auf Erfolg hoffen. Sportler müssen im Laufe ihrer Kindheit ein stabiles Ich entwickeln, welches auch durch Niederlagen und Misserfolge nicht ins Wanken kommt. Bei Störungen der Identitätsentwicklung kann es zu Resignationen, Aggressivität, extremer Nervosität oder Minderwertigkeitsgefühlen kommen.

Kinder oder Jugendliche mit einem relativ geringen Selbstwertgefühl laufen Gefahr, Ansichten und Einstellungen des Trainers oder der Trainerin zu übernehmen. Im Extremfall nehmen die Heranwachsenden die Sprechweise des Trainers an, kleiden sich ähnlich und suchen ständig die räumliche Nähe zum Trainer. Die jungen Sportler und Sportlerinnen geraten zunehmend in eine Abhängigkeit zum Trainer oder der Trainerin. Ist der Trainer mal bei Wettkämpfen nicht anwesend, erbringen die jungen Athleten nur schlechte Leistungen oder nehmen gar nicht erst teil. Diese Kinder oder Jugendlichen passen sich der Welt komplett oder extrem an und entwickeln dieses auch gegenüber Freunden, Nachbarn, Verwandten und Bekannten.

Diese extreme Anpassung hat anfangs einen Vorteil. Die jungen Sportler geraten in keinen Konflikt mit dem Trainer oder der Trainerin, denn es gibt keine Diskrepanz zwischen den Vorstellungen des Sportlers und denen des Trainers.

Allerdings vernachlässigen diese Kinder und Jugendlichen ihre eigenen Bedürfnisse oder verleugnen sie sogar. Diese völlig angepassten Heranwachsenden können keine optimalen Persönlichkeiten entwickeln und vor allem beim Mannschaftssport nicht perfekt integriert werden, um dem Team die höchst mögliche Leistungsfähigkeit zu geben.

Bleibt weiterhin eine Anerkennung der Anpassung aus, führt dies zu einer Unsicherheit und persönlichen Krise, die nur mit einem Konflikt enden kann.

Bei Jugendlichen kann dies schließlich zu Frustationen und Aggressionen führen, eine optimale Persönlichkeitsentwicklung ist nun kaum noch möglich.

Diese totale Anpassung und falsche Persönlichkeitsentwicklung sollte von Betreuern und Trainern immer verhindert werden. Kinder und Jugendliche brauchen also beim Vereinssport immer wieder Freiräume, wo sie ihre eigene Persönlichkeit und Identität entwickeln können. Sie dürfen von Trainern oder Betreuern keine Missachtung oder Zurückweisung erfahren. Die Kinder und Jugendlichen benötigen einen Freiraum für selbstständige Entscheidungen und hierbei die Übernahme von Verantwortung im Training oder Wettkampf. Nur bei Gefahr oder Überlastung hilft der Trainer oder die Trainerin und "reicht die rettende Hand". Hierdurch wird Respekt gegenüber aufgebaut und die Persönlickeit der Heranwachsenden kann sich optimal entwickeln. Der Trainer bleibt eine Autoritätsperson, aber gleichzeitig liegt eine respektvolle Freundschaft vor.

Die Entwicklung der Persönlichkeit muss immer über die Entwicklung der Leistung gestellt werden. Eltern, Betreuer und Trainer schätzen die Kinder und Jugendlichen wegen ihrer

Leistung, aber sie müssen sie gleichzeitig viel mehr schätzen und mögen wegen ihrer jeweils einzigartigen Persönlichkeit. Nur dies führt dazu, dass Kinder auch ihre sportlichen Leistungen optimal entwickeln können. Achten Sie als Trainer/in auch darauf, dass Eltern und Betreuer nicht mit verletzenden Sprüchen die eigenen oder die fremden Kinder demütigen. Der seelische Schaden kann auf Dauer massive Folgen haben. Für die meisten jungen Sportler und Sportlerinnen ist die sportliche Laufbahn nur ein kurzer Abschnitt im Leben. Scheitert die eventuell angestrebte Profikarriere, sind erstmal keine Ziele mehr vorhanden und ein "Loch" ist entstanden. Das Selbstwertgefühl sinkt erst einmal, neue soziale Bindungen und Ziele müssen erst geschaffen werden. Auch hierüber müssen sich Trainer und Trainerinnen im Klaren sein.

Psychologie im Sport

Die jungen Sportler und Sportlerinnen kommen irgendwann in die Pubertät. Hierbei muss beachtet werden, dass nur jugendliche Sportler, die auch in der Schule oder im Beruf ihre Leistungen erbringen, im Sport optimal erfolgreich sein können. Der Trainer oder die Trainerin sollte sich auch über informieren, wie der schulische oder berufliche Stand der Jugendlichen ist. Sport darf nicht als Kompensation für schlechte Leistungen in der Schule oder im Beruf betrieben werden. Ist dies der Fall, sollte mit Trainern, Eltern und dem betreffenden Jugendlichen das Gespräch gesucht und auf entsprechende Lösungen hingearbeitet werden. Der Jugendliche darf hier nicht im Stich gelassen werden, denn mit der Zeit kumulieren sich sonst seine Probleme.

Der zeitliche Aufwand für Wettkampf und Training darf den beruflichen Werdegang nicht negativ beeinflussen. Trainer und Eltern müssen immer dem beruflichen Zweig die Priorität geben.

Mit zunehmendem Alter sollen die Jugendlichen auch immer mehr Verantwortung Im Training, bei der Trainingsplanung, beim Wettkampf oder im Wettspiel übernehmen. Auch hier wird sich eine zunehmende Selbstständigkeit positiv auf die Leistung auswirken. Die jugendlichen Sportler beteiligen sich zunehmend an der Trainingsplanung, dem Festsetzen von Trainingszielen, dem Wählen des Mannschaftskapitäns, der Wettkampfplanung, den Positionsvergaben, der Mannschaftsaufstellung usw.

 # Psychologie im Sport

Mentales Training

Ganz allgemein gesehen versteht man unter einem mentalen Training das Sichvorstellen eines Bewegungsablaufes ohne eine motorische Ausführung.

Das Sichvorstellen kann unterschiedliche Formen annehmen. Hier können Erinnerungsbilder eigener Bewegungsausführungen oder Bewegungsausführungen von Vorbildern gewählt werden.

Das mentale Training ermöglicht das beschleunigte Lernen von sportlichen Bewegungsabläufen. Die höchste Effektivität erreicht man durch die Kombination von praktischem und mentalem Training.

Sportler und Sportlerinnen, die durch Verletzungen oder bestimmte Krankheitsbilder nicht aktiv trainieren können, erreichen nun mittels mentalem Training, dass sie nach der Zwangspause keinen Qualitätsverlust der Technik erleiden. Durch diese Tatsache bleiben die Athleten motiviert und verlieren keineswegs an Selbstvertrauen.

Das mentale Training wird hervorragend durch observatives Training unterstützt. Hierbei werden ganz einfach Personen beobachtet, die die zu erlernende sportliche Technik eines Bewegungsablaufes perfekt beherrschen. Danach kann der betreffende Athlet seine visuelle Bewegungsvorstellung deutlich verbessern.

Mentales Training kann mehrmals am Tag über drei bis fünf Minuten absolviert werden.

# Psychologie im Sport

Motivation

Kinder, die in die Pubertät kommem, verlieren oft die Lust auf Sport im Verein. Am häufigsten tritt diese Phase mit 14 oder 15 Jahren ein. Viele Jugendliche verlassen in diesem Alter den Verein. Trainer und Trainerinnen beklagen in dieser Altersklasse mangelnde Lust und minimale Einsatzbereitschaft im Vereinssport. Die Kinder kommen in die Pubertät und setzten oft andere Prioritäten. Es erfolgt eine stärkere Kontaktaufnahme mit dem anderen Geschlecht und abendliche Treffen wie diverse Gruppenveranstaltungen, Discothekenbesuche, wilde Partys, das Aufsuchen von Schüler- und Studentenkneipen oder Computersessions usw. haben Vorrang. Die Aufgabe von Trainern und Trainerinnen besteht nun darin, neue Anreize für die Jugendlichen zu schaffen.

Hierbei können z.b. außersportliche Veranstaltungen helfen wie Grillpartys im Anschluss an Sportveranstaltungen. Freunde und Freundinnen der jungen Sportler werden dazu eingeladen. Der Trainer oder die Trainerin organisiert Tagesausflüge jeglicher Art für die jugendlichen Vereinssportler, auch hier werden Freunde und Freundinnnen mitgenommen. Aber auch die sportliche Motivation darf nicht fehlen. Die Jugendlichen werden z.B. mit den Sätzen motiviert wie "Ihr werdet siegen!", "Ihr werdet gewinnen!", "Freut euch auf den kommenden Sieg", "Freut euch auf das nächste Spiel!" usw.

Negativformulierungen, wie "Ihr werdet schon nicht verlieren!" oder "Habt keine Angst vor dem Spiel!", sollten vermieden werden.

Die Sprache des Trainers sollte also immer positive Gefühls-

oder Antriebsprozesse auslösen. Positive Rückmeldungen des gesamten sozialen Umfeldes von Bezugspersonen im Sport, wie Trainer, Eltern, Betreuer, Bekannte und Freunde, stärken das Selbstvertrauen und leisten einen enormen Beitrag zur Stabilisierung der gesamten Persönlichkeit.

Negative Reaktionen und Beleidigungen gegenüber den jungen Sportlern und Sportlerinnen behindern einen Leistungsfortschritt gravierend.

Deshalb sollten folgende Punkte unterlassen werden:

- Eltern loben nur ihre eigenen Kinder für gute Leistungen, diffamieren aber andere Kinder lautstark für schlechte sportliche Aktionen, wie: " Meine Oma läuft ja schneller als der da."

- Kinder oder Jugendliche bekommen sportliche Aufgaben aufgetragen, mit denen sie vollkommen überfordert sind.

- Der Umgangston des Trainers oder der Trainerin ist vollkommen unangemessen, wie: "Du lahme Ente, ich wechsel dich gleich aus." Solche Äußerungen führen zu einer Leistungshemmung und lösen eventuell aggressive Reaktionen aus.

- Misserfolge sollten niemals vorhergesagt werden, wie: "Probieren kannst du es, aber wahrscheinlich wirst du es niemals schaffen"

- Eine Aufgabenstellung wird für das gesamte Team zu hoch

angesetzt.

- Die jungen Athleten dürfen nicht permanent gegen viel zu starke Gegner antreten. Nach kurzer Zeit würden viele von ihnen den Verein verlassen.

- Äußerungen, Kommentare oder Argumente des Trainers oder der Trainerin werden bevorzugt angenommen, wenn sie aus der Perspektive des Athleten positiven Inhalts sind. Positive Informationen sollten also immer am Anfang einer Konversation stehen. Jetzt wird die Sportlerin oder der Sportler für weitere Anregungen oder Tipps zugänglich sein. Wird das Gespräch umgekehrt mit schlechten Informationen eröffnet, besteht die Gefahr, dass vor allem Kinder und Jugendliche Abwehrmechanismen aufbauen und nicht mehr richtig zuhören oder das Gespräch komplett abblocken.

- Der Trainer oder die Trainerin müssen auch durch Glaubwürdigkeit überzeugen. Wenn sie von den Sportlern verlangen, dass sie nicht rauchen und Alkohol trinken sollen und frühzeitig ins Bett gehen sollen, müssen Trainerinnen und Trainer dies selbst auch einhalten. Ansonsten verlieren die Sportler jeglichen Respekt ihnen gegenüber. Trainer und Trainerinnen müssen ihre Vorbildfunktion jederzeit wahrnehmen. Vor allem Jugendliche haben ein feines Gespür dafür, ob der Trainer oder die Trainerin selbst von seinen Reden und Argumenten überzeugt ist.

- Trainerinnen und Trainer brauchen eine hohe fachliche Kompetenz. Ist diese nicht vorhanden, verlieren die Sportler

sehr schnell den Respekt vor dem Trainingspersonal. Das fachliche Wissen und Können des Trainers ist ein entscheidener Faktor für eine gute Beziehung untereinander. Schließlich wollen vor allem Jugendliche ihre Technik, Taktik, Schnelligkeit usw. verbessern.

Konzentrationsfähigkeit

Aufmerksamkeit und Konzentration umfassen Fähigkeitsbereiche der Wahrnehmung wie Tasten, Sehen und Hören, aber auch Gedanken und Vorstellungen. Aufmerksamkeit bedeutet, bestimmte Aspekte der Umwelt mit einem hohen Grad an Wachheit aufzunehmen. Je höher der Wachheitsgrad desto intensiver spiegelt sich das Aufgenommene im Inneren wieder.

Diese extreme Konzentration bewirkt auch eine perfekte Ausübung bestimmter motorischer Aktionen.

Wenn sich z.B. ein Fußballer so sehr auf einen Strafstoß konzentriert, dass er Umfeld, Zuschauer, Stadionansage usw. nicht mehr wahrnimmt, kann er diesen Elfmeter mit einer viel höheren Wahrscheinlichkeit verwandeln.

Die Konzentrationsfähigkeit selber wird durch permanentes Trainieren ebenfalls verbessert.

Die Konzentrationsfähigkeit von Kindern und Erwachsenen unterscheidet sich enorm. Ein spielendes Kind kann sich stundenlang konzentriert beschäftigen, aber bei weniger motivierenden Dingen geht die Konzenztration sehr schnell zurück. Hier besteht also für Trainerinnen und Trainer die ständige Aufgabe darin, das Interesse der Kinder erneut zu wecken. Bei den vier- bis sechsjährigen Kindern kann z.B. vor fast jeder Übung eine kurze und spannende Geschichte

erzählt werden.

Die Konzentrationsfähigkeit muss immer wieder trainiert werden. Trainerinnen und Trainer müssen immer wieder bewusst auf trainings- und wettkampfrelevante Inhalte hinarbeiten, wobei es nicht möglich ist, die Konzentration unbeschränkt aufrechtzuerhalten. Deswegen werden auch immer wieder Entspannungsmaßnahmen und Entspannungsübungen im Training eingebaut.

Eine massive Konzentration über einen längeren Zeitraum verbraucht enorm viel Energie (Glukose) in dem entsprechenden Gehirnabschnitt. Im Kindertraining wird deshalb die Trainingszeit auch nur verkürzt angesetzt (Bambinifußball etwa 60 Minuten pro Einheit) und komplizierte und lange Erklärungen werden gänzlich gemieden.

Psychologie im Sport

Angst vor Misserfolg

Nun kommen wir zu einem sehr wichtigen Thema. Wie können wir Kindern und Jugendlichen im Sport helfen, die allgemein ängstlich sind und auch Angst vor Misserfolg im Sport haben.

- Jugendliche und Kinder mit starker allgemeiner Ängstlichkeit können nur gute Leistungen erbringen, wenn sie auf viel Verständnis treffen und keine persönliche Kritik erdulden müssen. Erfolgserlebnisse müssen geschaffen werden und eine positive sportliche Entwicklung von Trainern, Betreuern und Eltern zugesagt werden.

- Ängstliche Kinder und Jugendliche brauchen durchschaubare und offen gelegte Trainingseinheiten, damit sie wissen was auf sie zukommt. Hierdurch verlieren sie im Vorfeld oft schon ihre Ängste in Bezug auf das Training. Diese Trainiingseinheiten dürfen deswegen auch zu keiner Überforderung führen.

- Eine Niederlage oder eine schlechte Leistung darf nie zu Spott oder sogar zu einer Ablehnung eines Athleten führen, ansonsten vergrößert sich die Angst vor einem sportlichen Versagen immer mehr.

- Der Trainer oder die Trainerin sollen vor allem Kindern vermitteln, dass sie jederzeit ihre Angst eingestehen dürfen. Hierdurch baut sich schon ein Teil des Bedrohungsszenarios ab.

21

- Wir trainieren in kleinen Gruppen bis höchstens sieben Personen, denn kleine Gruppen reduzieren das Angstgefühl.

- Die Trainerin oder der Trainer schenkt den Kindern und Jugendlichen in der Regel sein volles Vertrauen. Hierdurch wird die Angst ebenfalls reduziert.

- Es wird eine soziale "Wärme" geschaffen, die sich durch Ruhe, Mitgefühl, Rücksichtnahme usw. äußert.

- Trainer und Trainerinnen stellen immer klare Aufgaben und artikulieren sich mit höchster Präzision, dass wirklich alle Heranwachsenden die Aufgabenstellung genau verstehen.

Psychologie im Sport

Mannschaftspsychologische Aspekte

Eine Gruppe lässt ein Zusammengehörigkeitsgefühl entstehen, befriedigt bestimmte Wünsche und spezielle Ziele können erreicht werden, die man alleine nicht schaffen kann (z.B. eine Fußballmeisterschaft kann man nur mit der Gruppe gewinnen).

Jedes einzelne Mannschaftsmitglied beeinflusst Ziele, Struktur und sogar die Dynamik der gesamten Mannschaft, auch wirkt die Mannschaftszugehörigkeit auf jeden Einzelnen zurück. Die Stellung und Funktion eines Sportlers oder einer Sportlerin haben neben seiner Persönlichkeit Einfluss auf soziales Ansehen, Lesitungsfähigkeit, persönliche Erfolgserlebnisse usw.

Eine Sportmannschaft entsteht also erst dann, wenn sie sich auf einer personenunabhängigen und auf einer persönlichkeitsorientierten Sphäre entwickelt hat.

Eine Fußballmannschaft mit elf verschiedenen Positionen bildet also noch keine Mannschaft. Hier wurde zunächst ein "Gerüst" geschaffen. Erst im Laufe der Zeit entwickelt sich das Sozialsystem Mannschaft und eine gemeinsame Zielsetzung. Auch werden die Aufgaben im Laufe der Zeit strukturiert verteilt und immer entsteht eine Art Rangordnung. In der Regel überlagern Gruppenziele aber die Ziele einzelner Mannschaftsmitglieder ohne größeren Widerstand.

Jedes einzelne Mitglied einer Mannschaft muss nun seiner Rolle innerhalb eines Teams gerecht werden. Von einem Mittelstürmer wird erwartet, dass er Tore schießt, ein Torwart soll wiederum Tore verhindern. In jeder Position gibt es unterschiedliche Aufgaben und Rechte.

Von einem Abwehrspieler wird auch erwartet, dass er Tore verhindert. Schafft er dies nicht, fällt er buchstäblich aus der Rolle und bekommt andere Aufgaben aufgetragen. Durch das Zusammenbringen mehrerer Kinder oder Jugendlichen entsteht noch keine Mannschaft. Erst durch einen mittelfristigen Prozess können Einzelpersonen zu Mannschaftsmitgliedern werden. Die Integration des Einzelnen und die Übernahme des Mannschaftsziels brauchen Zeit. Für eine leistungsstarke und harmonische Mannschaft muss das Wir-Gefühl gestärkt werden. Dies kann durch gesittete Grill-Partys und andere Unternehmungen erreicht werden. Aber auch schon kleine "Dinge" wie gemeinsames Duschen, Essen und Umziehen fördert das Wir-Gefühl.

Es ist auch bewiesen, dass gemeinsame Freude einer Mannschaft die Leistung und Leistungsbereitschaft der gesamten Mannschaft erhöht. Auch die gemeinsame Not kann eine Mannschaft zusammenschweißen. Diese Situation liegt beispielsweise bei einem Team vor , welches gemeinsam gegen den Abstieg kämpft.

Psyche von Kindern

Die Psyche von Kindern ist ein Ort kindlichen Fühlens und Denkens. Kinder leben in einer "Kinderwelt", und diese darf nicht zerstört werden. Trainerinnen und Trainer müssen sich in diese Welt hineinversetzen wie auch die Eltern und Erzieherinnen und Erzieher es tun. Wir brauchen einen behutsamen Umgang gegenüber den kleinen Fußballern, denn "Kinderseelen" sind noch sehr zerbrechlich, und die Persönlichkeitsmerkmale sind natürlich in keinster Weise gefestigt.

Seien wir doch einmal ehrlich zu uns selbst, wenn ein Kind weint, "zerreißt" es doch förmlich unser Herz. Wir leiden genau so wie das betreffende Kind.

Doch lacht ein Kind laut, ausgelassen und volllkommen fröhlich, geht da nicht unser Herz auf und wir nehmen diese Freude nicht auch genau so auf.

Trainerinnen und Trainer freuen sich wenn Kinder Spaß am Training haben. Der Job als Kindertrainer wird meistens ehrenamtlich geleistet, man verdient kein Geld damit und ein hohes gesellschaftliches Ansehen bleibt meistens aus. Doch der Kindertrainer hat die höchste Verantwortung von allen Trainern überhaupt. Dies dürfte allein schon aus den obigen Definitionen klar geworden sein. Machen sie ihren Job gut, können diese Trainer sehr stolz auf sich sein und verdienen höchsten Respekt und Anerkennung.

Doch kommen wir zurück zur Psyche von Kindern.

Psyche von Kindern

Psyche der Kinder und allgemeine Verhaltensweisen ihnen gegenüber

Die Förderung der psychischen Widerstandsfähigkeit von Kindern ist von extremer Bedeutung. Misserfolge sind von Kindern nur schwer wegzustecken, und müssen möglichst vermieden werden. D.h., eine konsequente Überforderung der Kleinen darf nicht passieren.

Mit den richtigen Herausforderungen können Eltern und Trainer helfen, die Psyche zu stärken.

Wie der Körper ein Immunsystem besitzt, gibt es auch für die Seele eine Art Immunsystem.

An Stelle von Bakterien und Viren wird dieses seelische Immunsystem durch Streit, Misserfolge oder Unglücksfälle belastet. Bei einen Streit zum Beispiel sind manche Kinder sehr selbstbewusst, und stecken dies einfach weg. Sie sind in der Lage viele belastende und kritische Erfahrungen zu bewältigen, ohne jeglichen Schaden zu nehmen. Diese psychische Widerstandsfähigkeit nennt die Wissenschaft „Resilienz". Andere Kinder hingegen ziehen sich nach einem Streit zurück, und müssen den Disput erst einmal verarbeiten.

Es gibt nun aber Methoden und Merkmale, die die Entwicklung von Resilienz fördern oder hemmen können.

So fanden Wissenschaftler tatsächlich heraus, dass resiliente Kinder wirklich über schützende Komponenten verfügen, die die psychische Widerstandsfähigkeit erhöhen. Diese zu kennen ist für Eltern, Erziehern und Trainern von hoher Bedeutung, denn dadurch kann man die Seele eines Kindes stärken.

Psyche von Kindern

Die primäre Stelle liegt natürlich im Elternhaus. Die Kinder brauchen eine stabile emotionale Bindung zu den Eltern, zu mindestens aber einem Elternteil. Diese brauchen einen verlässlichen und sensiblen Erziehungsstil. Hierbei wird das Kind unterstützt, gefördert, es bejaht und ihm möglichst viele Freiräume gegeben. Gleichzeitig müssen ihm aber auch möglichst freundlich und liebevoll altersgemäße Grenzen gesetzt werden. Denken wir daran, das Kinder noch nicht alle Gefahren kennen. Wenn wir Kindern zum Beispiel räumliche Begrenzungen auferlegen, dürfen diese nicht missachtet werden. Denken wir hier nur an den Straßenverkehr oder andere Gefahren außerhalb des gesetzten Raumes. Die Trainerin oder der Trainer muss diese räumlichen Begrenzungen natürlich auch absolut vorgeben. Jeder kann sich jetzt wohl plastisch vorstellen, welche Verantwortung man bei einem Kindertraining übernimmt.

Zusätzlich spielt die gesamte soziale Umgebung des Kindes eine entscheidende Rolle. Positive emotionale Beziehungen zu Freunden, Nachbarn, Verwandten, Trainerin oder Trainer usw. bieten einen „Zufluchtsort" bei schlechten oder belastenden Familiensituationen.

Trainerinnen oder Trainer sollten auch die Eltern umgehend kontaktieren, wenn ihnen etwas „seltsames oder nicht "normales" an den kleinen Fußballern auffällt. Hier erkennen wir die große Verantwortung der Trainer in einem weiteren Bereich.

Die Kinder brauchen gute Beziehungen zu Eltern und dem weiteren Umfeld, woran auch die Trainerin oder der Trainer arbeiten kann. Schnell erkennt das jeweilige Kind nun: Ich bin wertvoll und anderen nicht egal.

In diesem sicheren positiven Bereich bauen Kinder Mut, Selbstbewusstsein und Resilienz auf. Sie entwickeln allgemeines Interesse, vitale Lebensenergie, Neugier, Fantasie, Kontaktfreude und können aggressive Energie kontrollieren.

Die Entwicklung der optimalen Resilienz bedeutet auch des Einbinden der Kinder für kleine Arbeiten wie den Frühstückstisch decken, Erdbeeren pflücken im Garten oder auch mal das Kehrblech zu benutzen. Solche kleinen Aufgaben sollen sie auch im Kindergarten und im Fußballtraining übertragen bekommen (heute trägst du mal die Leibchen oder die kleinen Pylonen usw.).

Und es ist ganz wichtig die Kinder für solche Verantwortung auch zu loben. Jetzt tragen sie etwas zur Gemeinschaft bei, und erfahren eine Wertschätzung. Schnell lernen sie dabei auch, habe ich Probleme, darf ich jederzeit um Hilfe bitten.

Jetzt kommt ein ganz wichtiger Punkt. In der Regel soll das Lob fast immer spezifisch auf ein Verhalten und nicht verallgemeinernd sein (Ausnahmen sind durchaus erlaubt).

Kinder verfügen von Natur aus über Eigenschaften wie Hilfsbereitschaft, Neugier, Empathie usw., die die Resilienz fördern. Aber die Erwachsenen haben immer wieder die Aufgabe diese Richtungen auch gezielt zu fördern.

Wir haben schon genug erwachsene Menschen, denen Empathie, Hilfsbereitschaft, Vorsicht, positive Neugier usw. verlorengegangen sind. Ist Ihnen nicht schon aufgefallen, wie viele Erwachsene oder Jugendliche in einem vollkommenen Egoismus leben. Wenn hier der Trainer oder die Trainerin den Kindern auch nur ein wenig mehr zur Resilienz verhilft, hat er oder sie mehr als nur ein Training mit den Kleinen durchlebt.

Aber Sieg und Niederlage, und damit Enttäuschungen, gehören natürlich zum Leben. Schon kleine Kinder müssen einiges einstecken und entwickeln Strategien, mit Enttäuschungen fertig zu werden. Wichtig ist auch, dass die Eltern und die Trainer beim Training und im Wettspiel richtig reagieren.

"Ich kann das, ich schaffe das" – und schon geht der Schuss daneben oder der Einwurf wird vollkommen falsch ausgeführt. Kinder schätzen ihre Fähigkeiten oft nicht realistisch ein, deswgen sind es ja Kinder. Natürlich gibt es auch Erwachsenene, die ihre Fähigkeiten oft falsch einschätzen, aber hier ist etwas in der Entwicklung falsch gelaufen und nicht unser Thema. Trainer können sie darin unterstützen, indem sie ihnen zu ihrem Alter passende Aufgaben stellen und immer wieder für kleine Erfolge loben. Zu leicht dürfen die Aufgaben nicht (immer) sein, denn Enttäuschungen unterstützen Kinder dabei, ihre falschen Einschätzungen zu korrigieren.

Manche Kinder schwätzen auch unentwegt, andere reden fast nie. Die Kunst der Trainer ist es hierbei, die Eigenart der Kinder zu respektieren, aber eine Plaudertasche auch einmal zu unterbrechen, wenn es gerade wirklich stört.

Kommen wir jetzt direkt zu einem weiteren wichtigen Punkt. Wenn ein Kind etwas scheinbar verletzendes oder beleidigendes zum Trainer oder zur Trainerin sagt, reagieren Sie in der Regel nicht darauf. Kinder meinen das nicht böse. In bestimmten Situationen muß man aber handeln, wenn zum Beispiel "schlimme Wörter" gesagt werden. Erklären Sie dem betreffenden Kind freundlich und sachlich, dass diese Wörter nicht schön sind, und man sie besser nicht sagt. Wenn man

das als Trainer deutlich erklärt, erzielt es seine positive Wirkung. Denn Sie haben eine Vorbildfunktion für die kleinen Fußballer.

Bewahren kann man die Kinder nicht immer vor negativen Dingen wie Enttäuschungen, Misserfolgen, Niederlagen, auch wenn man ihnen am liebsten nur eine heile Welt schaffen will. Das funktioniert nicht und ist auch nicht hilfreich, um die Kinder auf das Leben vorzubereiten. Trainerinnen und Trainer müssen die Kinder dabei unterstützen, Niederlagen und Enttäuschungen zu verdauen. Haben Kinder das gelernt, besitzen sie eine wichtige Schlüsselqualifikation für das Leben. Auffangen, sich mit ihnen freuen oder leiden und Erfolgserlebnisse anbieten, das ist wohl die beste Hilfe. Das Wichtige ist, das Selbstvertrauen der Kinder zu stärken, dann lassen sich auch Niederlagen leichter verarbeiten

.

# Psyche von Kindern

Für einen Coach ist es auch wichtig zu wissen, was für Kinder so die schlimmsten Erfahrungen sind, hier listen wir die meisten auf:

° Elternteil oder Eltern sterben

° Eltern trennen sich

° Todesfälle von Menschen, die das Kind auch lieb hatte wie Freunde, Geschwister oder Großeltern usw.

° Der beste Freund oder man selbst muss umziehen

° Lieblingsspielzeug geht verloren oder kaputt

° Die jüngeren Geschwister bekommen mehr Beachtung

° Geburtstagswünsche werden nicht ausreichend erfüllt

° Niederlage im Sport oder ein beliebter Trainer verlässt den Verein

Und spätestens jetzt wird jedem Trainer oder Trainerin klar, welche Bedeutung er oder sie im Leben eines Kindes haben kann. Natürlich ist der Verlust der eigenen Eltern oder deren Trennung mit Abstand die schlimmste Erfahrung, die ein Kind machen kann. Dieses wollen wir für keines unserer Fußballkinder, also aus ihrer Truppe, nur im Entferntesten hoffen, und gehen nicht näher darauf ein.

Psyche von Kindern

Grundlegende Dinge für Bambini / F-Jugend im Training

Trainer/innen und Übungsleiter/innen haben in Bezug auf die Kleinen (Bambini und F-Jugend) eine extrem große Verantwortung, die von vielen Erwachsenen vollkommen unterschätzt wird.

Noch niemals zuvor haben so viele Mädchen und Jungen bereits im Vorschulalter Fußball gespielt.

Wenn wir die Kinder in diesem Alter begeistern wollen, muss das Training vom ersten Moment an Spaß machen. Wenn wir allerdings Inhalte und Methoden aus dem Jugendbereich auf den Bambinifußball kopieren, erreichen wir genau das Gegenteil, und die Anzahl fußballspielender Kinder schrumpft in meinem Verein zusehends.

Die ersten Eindrücke des Sport- bzw. Fußballvereins sind entscheidend für den sportlichen Werdegang der Kinder. Bei einem inkompetenten Verhalten des Trainers, der Eltern, der Betreuer usw. können die kleinen Sportler einen ablehnenden Ersteindruck bekommen, negative Erfahrungen sammeln und im schlechtesten Fall eine Aversion gegen jeden Fußballverein aufbauen

.Hier erkennen wir die große Bedeutung des richtigen, vor allem kindgerechten Verhaltens von Trainern und Betreuern, die oftmals überhaupt keine Ausbildung, kein fachspezifisches Wissen oder Menschenkenntnis (hier: in Bezug auf Kinder) besitzen.

Schon vor „Urzeiten" wurden Vorschulkinder häufig in Turn- oder Leichtathletikvereine geschickt, um die körperliche Entwicklung zu fördern und Bewegungsmängel

vorzubeugen (manchmal bekannten sich Kinder dann erst viele Jahre später zu anderen Sportarten, bei Jungen war es meistens der Fußball). Die Kinder absolvierten dort Lauf-, Wurf- oder leichte Sprungübungen. Sie turnten und wurden mit leichten Ballspielen vertraut gemacht und auch das Fußballspielen war dabei.

Eine vielseitige motorische und muskuläre Entwicklung war gewährleistet, natürlich wurden damals wie heute viele pädagogische und methodische Fehler gemacht.

Deswegen brauchen wir besonders im Kinder- und Jugendbereich qualifizierte Kräfte (es muss hier natürlich keine offizielle Ausbildung sein).

Heute kommen immer mehr Kinder direkt zum Fußball, was für die Trainer/innen eine große Verantwortung für das gesundheitliche Wohl der Kinder bedeutet. Ausgebildet für diese Tätigkeit sind nur wenige Übungsleiter/innen.Der fußballerische Aspekt darf bei den Bambini nicht im Vordergrund stehen, sondern eine vielseitige Mobilität in Form von Laufen, Springen, Werfen, Ballspiele und Spiele unterschiedlichster Art. Die Kinder sollen hier eine grundlegende sportliche Ausbildung bekommen, wobei der Spaßfaktor und die Gemeinschaft im Vordergrund stehen. Hiermit wird die Basis für die weitere sportliche und soziale Entwicklung gelegt.Die Bambini müssen das Gefühl vermittelt bekommen, dass sie von der Gemeinschaft gebraucht werden (was ja auch so ist), dass jeder ein wichtiges Mitglied der Mannschaft ist (unabhängig von der Leistung), und dass jeder Spieler ein gleiches Maß an Lob und Anerkennung von Eltern,

Betreuern und Trainern verdient.

Merke: Die fußballerische Ausbildung darf bei den Bambini nicht im Mittelpunkt stehen, sonst hat dieses eventuell negative Auswirkungen auf die körperliche und seelische Entwicklung der Kinder. Im schlechtesten Fall wenden sich diese für immer vom Fußballverein ab oder die sportliche Leistungsfähigkeit entwickelt sich nicht optimal.

Der Trainer/in hat nun auch die wichtige Aufgabe, geschickt und freundlich, allzu ehrgeizige Eltern zu mäßigen, den Leistungsdruck fast ganz herauszunehmen und Wettkampfspiele mit einem großen Spaßfaktor zu belegen. Es soll überwiegend in kleinen Gruppen gespielt werden.

Die Kinder brauchen allerdings auch mehr als Fußbälle, Pylonen und Slalomstangen. Für die vielseitige Entwicklung sollten auch Geräte wie Bälle in allen möglichen Größen und Gewicht vorhanden sein. Weiterhin können Spielplätze mit leichten Kletterparcours, Reck (zum Schwingen und Hängen), Schaukeln, Rutschen und einem kleinen Bolzplatz, Turnhalle mit Geräten wie Bällen,Turnmatten (für leichte Turnübungen wie Purzelbaum und Strecksprung), Seile zum Balancieren und Springen (z.B. schwingt der Trainer ganz langsam ein Seil flach über den Boden und die Kinder springen im richtigen Moment darüber), Schaumstoffbälle für viele verschiedene Spiele (auch für Abwurfspiele und Kopfbälle), Tischtennisausstattung und auch kleine Sachen wie Luftballons und Seifenblasendosen zur vielseitigen Entwicklung der Kinder hervorragend beitragen.

Diese vielseitige sportliche Betätigung und das Spielen in Gruppen ist unabdingbar zur Entwicklung der Motorik, Schulung von Sozialverhalten und Empathie, Vorbeugung von Haltungsschwächen und –schäden und zur Förderung einer sportlichen und menschlichen Persönlichkeit.

Die Übungen und Spiele dürfen für die Bambini nicht zu schwierig sein und auch keine hohe Konzentration erfordern, da sie sonst zu schnell ermüden.

Das Übungsangebot ist breit gefächert, muss ohne lange Erklärungen auskommen, und immer wieder die Phantasie und die Neugier der Kleinen wecken.

An dieser Stelle wird uns wieder einmal verdeutlicht, welche Verantwortung und Wichtigkeit gegenüber dem Trainer oder der Trainerin im Bambinisport obliegen.

Merke: Schwierige technische Übungen, die Schulung irgendeiner Taktik, lange Erklärungen und aufkommende Langeweile haben bei den Bambinis nichts zu suchen.

Wenn die Bambini ein Fußballspiel durchführen und alle laufen immer Richtung Ball, dann lass sie. Intuitiv spielen sie im Prinzip modernen Fußball, nur das Verschieben ist noch sehr extrem.

Das Einhalten fester Räume ist kontraproduktiv für die Kleinen und widerspricht sogar dem modernen Fußball.

Weiterhin darf jedes Kind alle Positionen ausprobieren, die es mal spielen möchte.

Und selbst wenn alle Kinder Torwart spielen wollen, dann wird eben jedes Spiel der Torwart gewechselt.

 # Taktik im Kinderfußball

Taktik im Kinderfußball

Ausgangssituation

Leider sieht man fast bei jeder Bambini- und F-Jugend-Mannschaft immer wieder eine Tendenz der Trainer, ihre Spieler mit starren Positionen zu belegen.

Es heißt dann: "Du spielst hinten rechts, Du hinten links" usw.

Im Spiel hört man dann: "Bleib hinten oder bleib vorne" etc.

Warum wird das so gemacht?

Warum versuchen Trainer den jüngsten Mannschaften eine solche Struktur zu geben?

Was versprechen sich diese Trainer davon?

Wir wissen es nicht!!!

Machen wir mal einen großen Sprung in den Jugend-bzw. Seniorenbereich!

Hier versucht mittlerweile fast jeder Trainer seine Mannschaft modern spielen zu lassen.

Es wird hier in der Regel sehr viel Wert auf taktische Verhaltensweisen gelegt.

Geprägt wird der moderne Fußball besonders durch zwei elementare Verhaltensweisen:

# Taktik im Kinderfußball

1.ballorientiertes Verschieben
2. Abkehr von der Manndeckung

Kommen wir zurück zum Kinderfußball:
Durch die oben angesprochene Reglementierung der Spieler wird genau das verhindert, was wir später wieder mühsam trainieren müssen, und zwar ballorientiertes Verschieben und Raumdeckung, Übergeben, Übernehmen etc.

Lässt man die Kinder einfach intuitiv ihr Spiel machen, sehen wir Folgendes: Alle Spieler der Mannschaft (egal ob Ballbesitz oder nicht) verschieben Richtung Ball. Mit anderen Worten: Alle laufen hinter dem Ball her. Keiner (Ausnahme sind Kinder, die z.B. Blümchen pflücken oder sonstiges) bleibt irgendwo starr auf seiner Position. Alle haben Spaß und sind in ständiger Bewegung. Manndeckung gibt es bei diesem System nicht! Das heißt natürlich nicht, dass die Spieler keine Positionen bekleiden sollen. Vielmehr geht es darum, ihnen so viele Freiräume zu geben, wie möglich. Praktisch bedeutet dies, dass jeder Spieler (z.B. ein Abwehrspieler) sich ständig mit nach vorne und hinten einschalten sollte. Es reicht einem Abwehrspieler zu sagen: Wenn der Gegner den Ball hat, läufst du bitte nach hinten. Unsere Erfahrung hat gezeigt, dass Bambini - und F-Jugendspieler dies nach relativ kurzer Zeit umsetzen können.

 # Taktik im Kinderfußball

Allgemeine Daten Bambini

Merkmale der Bambini

° Geringe koordinative Eigenschaften
° Unterschiedliche Leistungsgrundwerte
° Stark vorhandene Neugier
° Geringes Konzentrationsvermögen
° Hohe Ich-Bezogenheit
° Markante Orientierung am Trainer
° Ausgeprägte Phantasie
° Enormer Bewegungs- und Spieldrang
° Hohe Beweglichkeit, relativ schwach ausgebildete Muskulatur

Ziele des Bambinifußballs

Ziele des Bambinifußballs

° Kontakte zu Gleichaltrigen herstellen
° Bedürfnisse und Wünsche ansprechen
° Das eigene Bewegungskönnen steigern
° Selbstvertrauen aufbauen
° Die Persönlichkeit fördern
° Vielseitige Bewegungsaufgaben schaffen
° Spaß und Freude am Fußballspielen zu geben

 # Ziele des F-Jugendfußballs

Allgemeine Daten F-Jugend

Merkmale der F-Jugend

° Koordinative Schwächen und schwach ausgeprägte Muskulatur
° Enorme Begeisterung für das Wetteifern mit anderen Kindern
° Wenig Konzentrationsvermögen
° Hohe, unkritische Orientierung an erwachsenen Vorbildern wie Trainern
° Hohe Bewegungs- und Spielfreude

Ziele des F-Jugendfußballs

° Förderung des Spaßes am Fußballspielen
° Vermitteln der wichtigsten Fußball-Techniken in der Grundform
° Koordinative und konditionelle Grundlagen spielerisch fördern

Betreueraufgaben

Betreueraufgaben (Trainer/in)

° Nur, wenn die Erwachsenen den Kindern mit Offenheit, Herzlichkeit und Begeisterung begegnen, fühlen sich die Kinder wohl und sind gut aufgehoben.

° Die Kinder werden immer wieder gelobt und motiviert.

° Positive Werte und Charaktereigenschaften vorleben!

° Spaß und Freude vermitteln, Motivation wecken – eine Begeisterung für das Fußballspielen vorleben.

° Schwache Leistungen von Kindern werden nicht kritisiert.

° Allzu ehrgeizige Eltern werden vom Trainer oder der Trainerin freundlich aber bestimmend gedämpft.

° Negative Zurufe, von den Zuschauern und Eltern an die Kinder, den Schiedsrichter, die Betreuer oder den Trainer bzw. Trainerin, sind zu unterlassen. Hier müssen die Betreuer und Trainer freundlich eingreifen.

° Trainer, Betreuer und Eltern müssen Kindergeburtstage geschickt in den Trainingsbetrieb miteinbringen, denn ein Geburtstag ist für die Kleinen von höchster Wichtigkeit, und ein Tag, an dem sie besondere Aufmerksamkeit geschenkt haben wollen.

° Jedem Kind wird der gleiche Respekt zugesprochen.

° Gefährliche Übungen werden im Kindertraining nicht eingesetzt. Die Kleinen können eine Gefahr nicht richtig einschätzen.

Hiermit sind z.B. gemeint: Gefährliche Kletterübungen, Kopfball mit einem harten Ball, Tacklingübungen jeglicher Art; gefährliche Schaukeln, die nicht schaukelnde Kinder schwer verletzen können; Schaukeln, die extreme Höhen erreichen können; das Spielen von Hockey, wegen hoher

Verletzungsgefahr beim Schwingen mit dem Schläger usw.

° Eine kurze Besprechung vor einem Spiel ist vollkommen ausreichend.

° Jedes Kind darf lang genug spielen, hierbei wird nie auf Spielstand oder sogar Taktik geachtet.

° Bei einem Foulspiel den Kindern erklären, was nicht richtig war.

° Der Trainer oder die Trainerin begrüßen und verabschieden die Kinder immer innerhalb der ganzen Gruppe.

° Die Kinder werden immer angefeuert und bei Toren oder Auswechslungen sollte abgeklatscht werden.

° Der Spielführer wechselt von Spiel zu Spiel und jedes Kind kommt an die Reihe. In der Halbzeitpause den Kindern immer Getränke anbieten. Die Halbzeitansprache ist sehr kurz, und die Kinder werden dabei persönlich aufmunternd angesprochen.

° Genügend Zeit zum Einspielen sollte immer gegeben sein.

° Die Kinder werden immer für ihre Stärken gelobt, aber nicht auf ihre Schwächen angesprochen (das kommt später bei den Jugendlichen noch früh genug).

° Trainer und Betreuer wirken als Vorbilder für Kinder.

° Trainer im Kinderfußball sind kaum Technik- oder Taktikvermittler. Sie sind überwiegend Tröster, Streitschlichter, Spaßmacher, Erzieher und Freund.

° Sensibilität für Probleme von Kindern zeigen und Lösungsmöglichkeit finden.

Sanktionen im Kinderfußball

Sanktionen im Kinderfußball

Im Kinderfußball gibt es grundsätzlich keine Sanktionen. Dies ist von höchster Bedeutung. Kinder dürfen im Training und Wettspiel nur positive Momente erleben. Werden die kleinen Fußballer öfter zu spät zum Training gebracht oder kommen selbstständig (ab F-Jugend durchaus möglich, wenn sie ganz in der Nähe des Sportplatzes wohnen und nur dann) zu spät, bitte freundlich mit den Eltern reden. Deswegen muss ein Trainer oder eine Trainerin immer alle Telefonnummern der Eltern oder Aufsichtspersonen parat haben.

Bambinis oder F-Jugendliche müssen grundsätzlich durch Eltern oder andere Aufsichtspersonen beim Trainer oder der Trainerin abgegeben und auch abgeholt werden. Ansonsten bitte sofort die Eltern kontaktieren und darauf ansprechen. Die Kleinen müssen ständig beaufsichtigt werden. Denken Sie allein an den gefährlichen Straßenverkehr oder noch Schlimmeres.

Sollte ein Kind nach dem Training nicht abgeholt werden, trägt der Trainer oder die Trainerin die volle Verantwortung, bis es wieder in der sicheren Obhut der Eltern oder anderer offizieller Aufsichtspersonen (wie Heimleitung bei Heimkindern) ist.

# Aufbau der Trainingseinheiten

Aufbau der Trainingseinheiten im Kinderfußball

Einige Übungen können auch im F-Jugendbereich eingesetzt werden, je nach Leistungsstand und Entwicklung auch die komplette Einheit.

Bei den Bambini dauert eine Trainingseinheit 60 Minuten und sollte in der Regel zur gleichen Zeit beginnen und enden. In der F-Jugend dauert eine Trainingseinheit etwa 70 – 80 Minuten.

Warum sollte eine Trainingseinheit bei den Bambini 60 Minuten nicht überschreiten (etwas weiter unten folgt die Erklärung)?

Wir müssen hier noch einmal verdeutlichen, dass der Trainer oder die Trainerin die Schlüsselfigur für die Faszination Fußball für Kinder ist.

Mit dieser Person oder Personen steht und fällt oft alles. Hier werden die Weichen für eine lang- oder kurzfristige Fußball-Laufbahn gestellt.

Der Trainer oder die Trainerin ist nicht nur ein Kindertrainer/in sondern auch Idol, Erzieher, Clown, Spaßmacher und sogar eine Art von Freund.

Es sind die ersten Eindrücke vom Trainer, Trainerin, Betreuer, von der Mannschaft, vom Training, Wettspielen und vom ganzen Verein, die darüber entscheiden ob ein Kind langfristig mit Begeisterung Fußball spielt.

Dieses lässt sich nicht mit dem Erwachsenenfußball kopieren. Der Kinderfußball braucht seine eigenen Vorschriften und Regeln. Spaß, Bedürfnisse, Orientierungen und Interessen

dürfen sich nicht an Leistung, Ergebnis und Meisterschaft messen.

Es wird in kleinen Gruppen mit Spaß trainiert, stupide und monotone Technikübungen werden nie absolviert. Vor dem eigentlichen Training empfiehlt es sich schon jedem Kind einen Ball zu geben. Jetzt können sie schon laufen, dribbeln, schießen und passen wie sie möchten.

Die danach folgende Trainingseinheit muss immer abwechslungsreich und bewegungsintensiv sein. Jedem Kind müssen Erfolgserlebnisse garantiert sein. Der Trainer oder die Trainerin muss jedes Training intensiv planen, sonst schleichen sich sehr schnell Routine und monotone Übungen ein. In großen Gruppen sollte relativ selten trainiert werden.

Wichtige Aspekte bei der Trainingsplanung:

Findet das Training in der Halle oder auf dem Sportplatz statt (der verfügbare Raum muss hier einkalkuliert werden)?
Muss der verfügbare Trainingsbereich mit anderen geteilt werden?
Ist die Bodenbeschaffenheit des Platzes in Ordnung (z.B. Gefahr bei Glatteis) oder muss ich auf einen andere Trainingsfläche ausweichen?
Wie viele Kinder kommen zum Training? Man hat immer einen Plan B bereit, falls viel mehr oder weniger Kinder erscheinen.
Welche Materialien habe ich zur Verfügung?
Sind weitere Trainer oder Betreuer vor Ort, die beim Training helfen (so ist ein Gruppentraining besser durchführbar)?

 **Aufbau der Trainingseinheiten**

Merke: Die Trainingseinheiten werden mit einer sehr geringen physischen Belastung durchgeführt. Krafttraining jeglicher Art, lange Laufübungen, lange Trainingseinheiten, lange Sprints, Schulung der Schnelligkeitsausdauer usw., haben im Kindertraining nichts verloren. Die intra- und intermuskuläre Koordination ist noch nicht optimal entwickelt, der Ermüdungsgrad ist noch sehr hoch, der Muskelaufbaueffekt sehr gering, die Motorik insgesamt noch etwas "wackelig" usw.

Harte Trainingseinheiten führen bei Kindern zu extremen Muskelkater, juvenile Hypertonie (jugendlicher Bluthochdruck), motorische Störungen, Nervosität usw.

Den extremen Muskelkater wird nun auf den nächsten zwei Seiten genauer beschrieben, aufgrund seiner Gefährlichkeit. Das gilt im Prinzip für alle Altersgruppen, aber besonders für Kinder.

Extremer Muskelkater

Extremer Muskelkater (Rhabdomyolyse)

Bei einer extrem hohen und ungewohnten Belastung kann es zu einem höchst intensiven Muskelkater kommen, der Muskeln zum Teil auflösen lässt. Zum Glück tritt dies sehr selten auf. Aber ein Trainer oder eine Trainerin sollte zu Saisonbeginn extrem harte Einheiten vermeiden (**im Kindertraining werden harte Trainingseinheiten natürlich nie absolviert**), um die Gesundheit der Spieler nicht zu gefährden.

Ein normaler Muskelkater ist nach einem gemäßigten Trainingsbeginn normal. Aber bei einer totalen Überforderung kann dieser genannte extreme Muskelkater auftreten. Er äußert sich ein bis zwei Tage später mit extremen Schmerzen und Brennen und Schwellungen, dass Bewegungen fast nicht mehr möglich sind.

Der Urin wird schokoladenbraun, Teile der Muskulatur lösen sich auf. Es können Langzeitschäden folgen.

Der Fachbegriff für dieses Phänomen lautet "belastungsabhängige Rhabdomyolyse", hierbei lösen sich die Hüllen der überstrapazierten Muskelzellen auf, ihr Inhalt läuft aus und die Nebenwirkungen können enorm sein. Zunächst kann sich die Flüssigkeit aus den Muskelzellen innerhalb einer Körperfaszie ansammeln und dann Blutgefäße abdrücken. Nun kann die Niere damit überfordert werden, denn sie muss den ausgelaufenen Inhalt der Muskelzellen abbauen. Im schlimmsten Fall verstopft sie. Normalerweise tritt bei der Rhabdomyolyse nämlich ein Eiweiß aus, das Myoglobin. Im Muskel ist es für den Sauerstofftransport erforderlich. Darum kann sich bei einer Rhabdomyolyse auch der Urin dunkel färben.

 # Extremer Muskelkater

Symptome Rhabdomyolyse:

° ungewöhnlich starke Belastung
° dunkler Urin
° Fieber und Unwohlsein
° starke und schlimmer werdende Muskelschmerzen in den viel zu hart trainierten Muskelgruppen
° steife, oft geschwollene Muskeln

Rhabdomyolyse kann aber auch auftreten, wenn Muskelgruppen z. B. bei schweren Verkehrsunfällen zerquetscht werden. Auch Drogen oder Gifte von Schlangen oder bestimmten Giftpilzen können die Muskelzellen zerstören. Aber dies soll hier nur am Rande erwähnt werden.

Richtlinien für Kindertrainer

Richtlinien für Kindertrainer

Jeder Kindertrainer oder jede Kindertrainerin muss alle Kinder mögen, ansonsten macht ein Training keinen Sinn.

Spielfreude geht immer vor Spielergebnissen.

Individuelle Fortschritte werden immer gelobt.

Der Trainer oder die Trainerin sollte sich über die Lebenshintergründe aller Kinder diskret informieren.

Es werden Regeln für das Training mit den Kindern vereinbart, Normen und Werte vorgelebt.

Es besteht immer ein angstfreies Klima ohne jeglichen Leistungsdruck.

Alle Kinder bekommen die gleiche Zuwendung.

Wie schon erwähnt ermüden die Kleinen schnell, die Muskulatur ist noch schwach ausgebildet, die Leistungsvoraussetzungen sind sehr unterschiedlich und die Konzentrationsfähigkeit ist noch sehr gering. Wichtig ist, dass jede größere Überforderung der Kinder vermieden werden muss.Bei den ersten Anzeichen von Ermüdungen bei einem Kind, wird dieses geschickt im weiteren Trainingsverlauf geschont. Auch dürfen wir nicht vergessen, dass Kinder ein ganz anderes Zeitempfinden haben. Eine Stunde konzentrierte Bewegung und Spiel von den Bambini bedeutet ungefähr das Gleiche, als wenn wir drei Stunden trainieren und spielen würden.

Besondere Vorsicht ist bei hohen Außentemperaturen geboten. Ausreichend Getränke müssen bereit stehen und immer wieder Pausen im Schatten eingelegt werden.

Richtlinien für Kindertrainer

Bei extremen Außentemperaturen werden Spiele locker im Schatten absolviert.

Merke: Der Trainer oder die Trainerin hat eine hohe Verantwortung gegenüber den Bambini oder den F-Junioren. Bei extremen Wetterlagen wie Hitze und hohe Ozonwerte oder Sturm mit Regen sollte genau überlegt werden, ob und wo das Training stattfindet.

Vor jedem Training sollte obligatorisch ein Gesprächskreis gebildet werden, wo z.B. Neuigkeiten oder andere Sachen besprochen werden.

Grundsatz: Im Bambinitraining werden oft Übungen mit einer kurzen Geschichte erläutert. Die Erfahrung hat gezeigt, dass der Spass an den Übungen dadurch noch größer wird und die Kinder die Übungen schneller verstehen!!!

 # Die E-Jugend und die D-Jugend

Die E-Jugend

Der fußballerische Aspekt steht bei der E-Jugend, im Gegensatz zu den Bambinis, immer mehr im Vordergrund. Weiterhin wird aber auf eine vielseitige Ausbildung, in Form von Laufen, Springen, Werfen, Ballspiele und Spiele unterschiedlichster Art, Wert gelegt. Die Kinder sollen hier eine grundlegende sportliche Ausbildung bekommen, wobei der Spaßfaktor und die Gemeinschaft im Vordergrund stehen. Auch in der E-Jugend müssen die Kinder das Gefühl vermittelt bekommen, dass sie von der Gemeinschaft gebraucht werden (was ja auch so ist), dass jeder ein wichtiges Mitglied der Mannschaft ist (unabhängig von der Leistung), und dass jeder Spieler ein gleiches Maß an Lob und Anerkennung von Eltern, Betreuern und Trainern verdient.Trainer/in hat nun auch die wichtige Aufgabe, geschickt und freundlich allzu ehrgeizige Eltern, zu mäßigen und den Leistungsfaktor in einem gemäßigten Sektor zu halten. Wettkampfspiele sind mit einem großen Spaßfaktor zu belegen und es wird überwiegend in kleinen Gruppen gespielt.

Der richtige Umgang im Training mit Kindern wurde schon ausführlich beschrieben. Was für die F-Jugend gilt, zählt überwiegend auch für die E-Jugend. Deswegen wird dies nur noch in Bezug auf die D-Jugend präziser erläutert. Für die E-Jugend sollte aber ebenfalls am Anfang einer Trainingseinheit kein gezieltes Aufwärmprogramm erfolgen. Vor jeder Trainingseinheit dürfen sich die Kinder einige Minuten, sofort mit oder ohne Ball (wie jeder will), in der Gruppe oder Einzeln, frei bewegen. Kinder in dieser Altersklasse müssen

und wollen sich sofort austoben.

Auch auf Ausdauerläufe, lange Sprints, Krafttraining und längere taktische Erklärungen wird gänzlich verzichtet.

 # Die E-Jugend und die D-Jugend

Die D-Jugend

In diesem Alter befinden sich die Kinder bereits in der Vorpubertät oder Pubertät und der Trainer oder die Trainerin brauchen jetzt viel Fingerspitzengefühl, Empathie, Verständnis und Geduld. Hatte man schon genügend Probleme mit den jüngeren Jahrgängen, geht es ab der D-Jugend erst richtig los. Die Leistungsunterschiede sind zudem in diesem Alter extrem hoch. Manche Kinder sind retardiert (körperlich noch nicht altersgerecht entwickelt) oder akzeleriert (körperlich ihrem Alter weit voraus). Diese Unterschiede legen sich in der Regel bis zur A-Jugend.

In der D-Jugend findet man nun häufig Kinder, die nur aufgrund ihrer körperlichen Überlegenheit wesentlich leistungsstärker sind. Retardierte Techniker bleiben hier auf der Strecke und können im Spiel nicht viel ausrichten, obwohl sie die besseren Fußballer sind. Genau dieser Sachverhalt ändert sich aber in den nächsten Jahren. Die retardierten und technisch versierten kleinen Fußballer holen körperlich auf und werden die Hauptstützen und Spielmacher der Mannschaft.

Aber nicht nur das körperliche Erscheinungsbild der Kinder zeigt große Veränderungen und Unterschiede, nein, auch das Verhalten und die Charaktere verändern sich teilweise extrem:

Die Pubertät kündigt sich an.

 # Die E-Jugend und die D-Jugend

Die Kinder / Jugendlichen werden manchmal etwas trotzig, sie wollen unabhängig und selbstständig sein. Ja, sie halten sich sogar schon für „erwachsen". Der Trainer oder die Trainerin sind keine Vorbilder mehr und die Kinder wollen nicht mehr werden wie die eigenen Eltern. Die Kinder/Jugendlichen in der D-Jugend sind aber überwiegend immer noch Kinder, die ihre Gefühle gerne verbergen und nach außen hin „stark" erscheinen wollen. Das Zusammensein mit Gleichaltrigen ist für sie das „Größte", sie bauen sich in Gedanken eine eigene Welt auf und distanzieren sich von den Erwachsenen. In dieser Phase sind die Kinder/Jugendlichen nur schwer zu ertragen. Aber genau hier muss der Trainer oder die Trainerin ansetzen. Die jungen Fußballer sollten mit allen positiven Mitteln und Maßnahmen im Verein gehalten werden. Die Mannschaft, der Verein, der Trainer, das Training und die Wettspiele lenken die Kinder von ihren Problemen ab, gibt ihnen Rückhalt und hält sie oft von Rauchen, Alkohol trinken und Drogen ab.

In der heutigen Zeit gibt es viele Scheidungskinder, Kinder, die von ihren Eltern vernachlässigt werden oder Drogen- und Alkoholprobleme haben (sogar schon Zwölfjährige).

Viele Jugendliche rasten deswegen während des Trainings oder Wettspiels verbal oder auch manchmal körperlich aus. Der Trainer hat die Aufgabe, diese Spieler solange es irgendwie möglich ist, zu beruhigen und zu integrieren. Der Trainer oder die Trainerin darf hier Beleidigungen dieser Jugendlichen nicht persönlich nehmen (fällt manchmal sehr schwer, wie wir aus eigenen Erfahrungen kennen) und sollte immer wieder das persönliche Gespräch suchen. Die Mannschaft, der Trainer und der Verein sind oft familiärer

Die E-Jugend und die D-Jugend

Ersatz für die jungen Fußballer. Sollten sie diese Anlaufstelle auch noch verlieren, können die Jugendlichen sehr „tief fallen".

Der Trainer oder die Trainerin hat nun die Aufgabe, diesen „Problemkindern" zu helfen und ihnen zu zeigen, wie wichtig sie für die Mannschaft sind.

Die Kinder / Jugendlichen brauchen nun häufig Erfolgserlebnisse und diese müssen im Training geschaffen werden. Hierin liegt die wichtigste Aufgabe für den Trainer oder die Trainerin.

Hierbei muss folgendes beachtet werden:
Exkurs: Psyche und Motivation (ausführlichere Wiederholung von Seite 21)
Die folgende Erläuterung bezieht sich größtenteils auf Kinder und Jugendliche ab der D-Jugend, gilt aber bis in den Seniorenbereich und ist auch für Seniorentrainer von höchster Bedeutung.

Bei Sportlern gibt es zwei unterschiedliche psychische Stereotypen und zwar den Athleten "Hoffnung auf Erfolg" und den Athleten "Angst vor Misserfolg".

Diese Erscheinungsformen können unterschiedlich stark ausgeprägt sein.

"Hoffnung auf Erfolg" kann so extrem vorhanden sein, dass der Fußballer viel zu eigensinnig und egozentrisch agiert.

"Angst vor Misserfolg" kann so stark ausgeprägt sein, dass der Fußballer keine Verantwortung und kein Risiko übernehmen will und den Ball so schnell wie möglich weiterspielt (nur Sicherheitspässe).

Hier muss der Fußballtrainer unterschiedlich auf die Jugendlichen Fußballer eingehen. Der Athlet "Angst vor Misserfolg" braucht einen konsequenten Aufbau des Selbstvertrauens. Der Spieler wird im Training mit Aufgaben der Verantwortung beschäftigt. Hierfür gibt es unterschiedliche Aufgabenstellungen, z.B. darf dieser Spielertyp in einem Trainingsspiel als einziger weite Bälle schlagen, den Freistoß oder die Eckball treten, Einwurf ausführen oder einen Angriff abschließen.

Weiterhin können diese Jugendfußballer in Spielen gegen wesentlich schwächere Mannschaften mit Führungsaufgaben eingesetzt werden. Hier ist die Wahrscheinlichkeit eines Erfolgs wesentlich höher und das Selbstvertrauen wird gestärkt.

Der Spieler bekommt beispielsweise bestimmte Aufgaben wie, "gehe an der Außenlinie an deinem Gegenspieler vorbei, laufe bei einem Konter mit nach vorne bei einem Anspiel schließt du mit einem Torschuss ab, du schießt den Elfmeter, du spielst überwiegend lange Bälle usw."

Der Athlet „Hoffnung auf Erfolg" muss bei zu egoistischem Spiel gebremst werden. Diese Situation kann allein schon durch ein Gespräch mit dem Trainer bereinigt werden.

Bei einem Scheitern wird der Jugendfußballer mit leichten Sanktionen belegt. Bei Trainingsspielen darf dieser Sportler immer nur maximal dreimal den Ball pro Anspiel berühren, er darf nicht auf das Tor schießen, keinen Einwurf oder Eckball ausführen oder keinen Gegenspieler austricksen.

Die E-Jugend und die D-Jugend

In einem Wettspiel kann dieser Fußballer z.B. nur mit Defensivaufgaben belegt werden (diese Maßnahme sollte allerdings bei einem offensiven Spieler maximal 15 Minuten betragen, denn wird zu lange gegen die Spielernatur agiert, verliert der jugendliche Spieler das Interesse am Fußball).

Wie motiviert man Spieler zusätzlich?

Motivation ist zunächst eine geistige Energieform, die in die Praxis umgesetzt werden muss. Diese Umsetzung muss effektiv auf ein bestimmtes Ziel eingesetzt werden und die Aufrechterhaltung bleibt bis zur Erreichung des Ziels.

In der Regel sind die meisten Jugendlichen (Kinder sowieso) in Bezug auf ihre gewählte Sportart motiviert bis stark motiviert (Ausnahmen treten bei familiären Problemen, Alkohol- oder Drogensucht, Erreichen eines zu hohen Übergewichts usw.).

Der Trainer hat die Aufgabe, die Motivation zu erhöhen und in die richtige Richtung zu lenken. Der Motivationsfaktor wird durch die Auswahl der optimalen Trainings-und Übungsformen erreicht, d.h. langweiliges und monotones Aufwärmen oder immer das gleiche Schusstraining sind z.B. zu vermeiden).

Die Schwachpunkte der einzelnen Spieler sind zu analysieren und müssen individuell trainiert werden. Dies kann z.B. über ein Stationentraining (ab F-Jugend) erreicht werden. An den Stationen wird z.B. Einwurf auf Weite trainiert, Schusstraining, Eckballtraining, Kopfballtraining, Passtraining, Fintentraining, Ausdauertraining, Sprinttraining und vieles mehr.

Die Spieler werden in Gruppen mit relativ gleichen spielerischen Defiziten aufgeteilt und den entsprechenden

Die E-Jugend und die D-Jugend

Übungsstationen zugeteilt. Nach einiger Zeit wird die Station gewechselt und dabei den Gruppen verstärkt die Übungen zugeteilt, in denen sie den größten Nachholbedarf haben.

Welche Regeln sollte ein Trainer/in bei D-Jugendlichen im Trainingsbetrieb beachten oder aufstellen?

1. Die Kinder/Jugendlichen sind hier nicht mehr in der Schule. Gib Ihnen soviel Freiraum wie möglich, Disziplin und Strenge nur wie nötig. Die Freiräume müssen aber mit deiner Aufsichtspflicht übereinstimmen. Auch nur ein kurzer Waldlauf z.B. ohne Aufsicht, ist nicht zu verantworten.

2. Halte Dich mit langen Erklärungen zurück. Vermeide die Schulung komplizierter Taktiken und lange Reden. Die Kinder wollen trainieren und spielen, von langem Zuhören und Geschwätz hatten sie schon genügend in der Schule.

3. Früher gelernte Verhaltensregeln, die auch noch in der D-Jugend unabdingbar sind, werden konsequent übernommen und vom Trainer/in durchgesetzt (wie z.B. pünktliches Erscheinen, geputzte Schuhe und saubere Trikots zum Wettspiel, wir fluchen nicht).

4. Kinder / Jugendliche, die hin und wieder „ausrasten", werden nicht aufgegeben. Wir halten diese Fußballer so lange es eben geht im Team und im Verein.

5. Der Trainer oder die Trainerin darf Verhaltensweisen der Kinder nicht persönlich nehmen, solange es irgendwie möglich ist. Beleidigungen werden z.B. einfach überhört, abfällige Bemerkungen ignoriert (extreme Dinge werden allerdings angesprochen und geklärt).

6. Konflikte werden sofort geklärt, damit sich im Laufe der Zeit keine Aggressionen anstauen.

7. Der Trainer oder die Trainerin ist eine Autoritätsperson mit Vorbildfunktion. Du rauchst niemals am Sportplatz oder in der Öffentlichkeit (falls du ein Raucher bist), versuche möglichst nicht zu fluchen (Ausnahmen nimmt dir keiner übel), trinke keinen Alkohol vor den Kindern (zumindest nicht regelmäßig und schon gar keinen „Schnaps").

8. Sei möglichst immer pünktlich, die Kinder sollen deine Zuverlässigkeit bemerken. Auch ist der Trainer nicht cool wie die Kinder. Wenn du versuchst wie die Kinder / Jugendlichen zu sein, finden sie das anfangs toll, mit der Zeit verlieren sie aber jeglichen Respekt.

9. Wenn du eigene Fehler machst, erkläre sie den jungen Fußballern und gestehe sie ihnen ein. Die Kids werden dich dann noch mehr respektieren. Hast du z.B. ein Kind ungerecht behandelt, dann entschuldige dich dafür. Hieraus lernen die Kids, früher oder später, sich zu entschuldigen, wenn sie selber jemanden nicht korrekt behandelt haben.

9. Der Trainer oder die Trainerin fordert immer eine faire Mannschaft und faire Spieler. Bei grobem Foulspiel wird der Spieler allerdings nicht angeschrien oder schwer getadelt. Die Angelegenheit wird in einem vernünftigen Gespräch geregelt und sich beim Gegenspieler entschuldigt. Die jungen Fußballer werden auch stets dahin geführt, dass sie vor Schiedsrichtern höchsten Respekt haben.

 # Neues Regelwerk im Kinderfußball

Bevor wir zu den Bambinitrainingseinheiten kommen, erläutern wie die inzwischen verbindlichen und wichtigsten offiziellen Spielformen im Kinderfußball (Stand Juli 2024 / ohne Gewähr):

Der DFB-Bundesjugendtag hat inzwischen einstimmig die verbindliche Umsetzung neuer Spielformen im Kinderfußball beschlossen. Die Regelung gilt ab der Saison 2024/2025 bundesweit. Ab diesem Zeitpunkt sollen die veränderten Spielformen, die kleinere Mannschaftsgrößen auf kleineren Spielfeldern beinhalten, die bisherigen Wettbewerbsangebote in der G-, F- und E-Jugend ablösen.

In der G-Jugend wird dann verbindlich im Zwei-gegen-Zwei oder Drei-gegen-Drei auf vier Minitore agiert. In der F-Jugend wird das Drei-gegen-Drei, ein Vier-gegen-Vier oder ein Fünf-gegen-Fünf möglich sein.
In der E-Jugend wird zum Fünf-gegen-Fünf bis maximal Sieben-gegen-Sieben übergegangen, in dieser Altersstufe erfolgt auch der stufenweise Übergang zum Einsatz von Kleinfeldtoren und Torhütern. Um den Leistungsdruck abzuschwächen und die sportliche Entwicklung der Kinder stärker in den Vordergrund zu stellen, wird in der G- und F-Jugend keine Meisterschaftsrunde durchgeführt, sondern Spielenachmittage mit mehreren Mannschaften sind die Regel.
Integriert in die Spielformen ist ein Rotationsprinzip mit festen Wechseln der kleinen Kicker, um allen Kindern Einsatzzeiten zu schaffen.

 # Neues Regelwerk im Kinderfußball

Die neuen Spielformen ermöglichen mehr Ballkontakte, mehr aktive Teilhabe und mehr Torerfolge. Die kleineren Teams fördern den Spaß und die individuelle sportliche Entwicklung viel deutlicher.

Die neuen Spielformen fördern die Selbstständigkeit der kleinen Fußballer und minimieren das Coachen durch die Trainerinnen und Trainer und die Einflussnahme der Eltern auf das Nötigste.

Kopfbälle sind in den neuen Spielformen nahezu ausgeschlossen, weil die Spielfeldgröße deutlich kleiner ist, Einwurf und Abstoß werden durch das Eindribbeln ersetzt, ein Abschlag durch den Torwart findet praktisch kaum statt. Daher gehen der DFB und seine Landesverbände altersgerecht mit dem Kopfballspiel im jungen Alter um, ohne Verbote vorgeben zu müssen, wie es zum Teil andere Nationalverbände machen.

 **Neues Regelwerk im Kinderfußball**

Neues Regelwerk

Die G-Jugend

Zwei gegen Zwei

Spieleranzahl: 2 Spieler pro Mannschaft plus maximal ein Rotationsspieler

Torwart: kein Torwart

Spielform:Festivalform mit auf- und absteigenden Feldern

Spieldurchgänge: maximal 7

Spielzeit: maximal 5 Minuten pro Durchgang

Spielpausen: 3 Minuten

Spielfeld: 16 x 20 Meter

Tore: 4 Minitore (max. 2 x 1,2m),
alternativ Stangen/ Hütchen

Position der Tore: 2m von der Seitenlinie

Trefferwertung: von der Mittellinie

Ball: Größe 3 (290g)

 # Neues Regelwerk im Kinderfußball

Regeln: Nach jedem gefallenen Tor wechseln beide Mannschaften einen Spieler oder eine Spielerin nach einer zuvor festgelegten Reihenfolge. Bei einem Ausball setzt die gegnerische Mannschaft das Spiel durch Eindribbeln oder Einpassen von der Seite fort. Abstoß und Anstoß werden von der eigenen Grundlinie als Dribbling oder Pass ausgeführt. Dabei muss die verteidigende Mannschaft die gegnerische Hälfte verlassen.

Nach jedem Durchgang gehen die Gewinnerteams jeweils ein Spielfeld weiter, die Verliererteams jeweils um ein Spielfeld zurück.

 **Neues Regelwerk im Kinderfußball**

Die G-Jugend

Alternative 3 gegen 3

Spieleranzahl: 3 Spieler pro Mannschaft plus maximal zwei Rotationsspieler

Torwart: Kein Torwart

Spielform:Festivalform mit auf- und absteigenden Feldern

Spieldurchgänge: Maximal 7

Spielzeit: Maximal 7 Minuten pro Durchgang

Spielpausen: 3 Minuten

Spielfeld: 20 x 25 Meter

Tore: 4 Minitore (max. 2 x 1,2m)

Position der Tore: 2m von der Seitenlinie

Trefferwertung: 6m Schusszone

Ball: Größe 3 (290g)

 # Neues Regelwerk im Kinderfußball

Regeln: Nach jedem gefallenen Tor wechseln beide Mannschaften einen Spieler oder eine Spielerin nach einer zuvor festgelegten Reihenfolge. Bei einem Ausball setzt die gegnerische Mannschaft das Spiel durch Eindribbeln oder Einpassen von der Seite fort. Abstoß und Anstoß werden von der eigenen Grundlinie als Dribbling oder Pass ausgeführt. Dabei muss die verteidigende Mannschaft die gegnerische Hälfte verlassen.

Nach jedem Durchgang gehen die Gewinnerteams jeweils ein Spielfeld weiter, die Verliererteams jeweils um ein Spielfeld zurück.

Neues Regelwerk im Kinderfußball

Die F-Jugend

3 gegen 3

Spieleranzahl: 3 Spieler pro Mannschaft plus maximal zwei Rotationsspieler

Torwart: Kein Torwart

Spielform:Festivalform mit auf- und absteigenden Feldern

Spieldurchgänge: Maximal 7

Spielzeit: Maximal 7 Minuten pro Durchgang

Spielpausen: 3 Minuten

Spielfeld: 20 x 25 Meter

Tore: 4 Minitore (max. 2 x 1,2m)

Position der Tore: 2m von der Seitenlinie

Trefferwertung: 6m Schusszone

Ball: Größe 3 (290g)

 # Neues Regelwerk im Kinderfußball

Regeln: Nach jedem gefallenen Tor wechseln beide Mannschaften einen Spieler oder eine Spielerin nach einer zuvor festgelegten Reihenfolge. Bei einem Ausball setzt die gegnerische Mannschaft das Spiel durch Eindribbeln oder Einpassen von der Seite fort. Nach jedem Durchgang gehen die Gewinnerteams jeweils ein Spielfeld weiter, die Verliererteams jeweils um ein Spielfeld zurück.

Variation: Bei 3 Toren Unterschied kann die zurückliegende Mannschaft einen zusätzlichen Spieler ins Spiel bringen, bis der Spielstand wieder ausgeglichen ist.

 # Neues Regelwerk im Kinderfußball

4 gegen 4

Spieleranzahl: 4 + max. 3 Rotationsspieler
Spiel auf Minitore: 4 Feldspieler ohne Torwart
Spiel auf Kleinfeldtore: 3 Feldspieler plus Torwart

Torwart: je nach Spielform mit oder ohne Torwart

Spielform:Festivalform mit auf- und absteigenden Feldern

Spieldurchgänge: Maximal 6

Spielzeit: 10 - 12 Minuten pro Durchgang

Spielpausen: 3 Minuten

Spielfeld: 40 x 25 Meter

Tore: 4 Minitore (max. 2 x 1,2m) oder
2 Kleinfeldtore (5 x 2 m, höhenreduziert auf 1,65 m)
Es sind diverse Spielfelder (mit Minitoren bzw. mit
Kleinfeldtoren) innerhalb eines Turniers möglich.

Minitore: 2m von der Seitenlinie

Trefferwertung: Mittellinie (Mit Torwart)
6m-Schusszone (Ohne Torwart)

Ball: Größe 3 (290g)

 # Neues Regelwerk im Kinderfußball

Regel: Rotation mit festgelegter Reihenfolge jeweils nach 3 min durch Pfeifsignal. Der Torwart wechselt nach jeder Spielrunde, ist aber nicht an der Rotation beteiligt. Bei einem Ausball wird das Spiel durch Eindribbeln oder Einpassen fortgesetzt. Nach jedem Durchgang gehen die Gewinnerteams jeweils ein Spielfeld weiter, die Verliererteams jeweils um ein Spielfeld zurück.

Bei 3 Toren Unterschied kann die zurückliegende Mannschaft einen zusätzlichen Spieler ins Spiel bringen, bis der Spielstand wieder ausgeglichen ist.

 # Neues Regelwerk im Kinderfußball

5 gegen 5

Spieleranzahl: 5 + max. 4 Rotationsspieler
Spiel auf Minitore: 5 Feldspieler ohne Torwart
Spiel auf Kleinfeldtore: 4 Feldspieler plus Torwart

Torwart: je nach Spielform mit oder ohne Torwart

Spielform:Festivalform mit auf- und absteigenden Feldern

Spieldurchgänge: Maximal 6

Spielzeit: 10 - 12 Minuten pro Durchgang

Spielpausen: 3 Minuten

Spielfeld: 40 x 25 Meter

Tore: 4 Minitore (max. 2 x 1,2m) oder
2 Kleinfeldtore (5 x 2 m, höhenreduziert auf 1,65 m)
Es sind diverse Spielfelder (mit Minitoren bzw. mit
Kleinfeldtoren) innerhalb eines Turniers möglich.

Minitore: 2m von der Seitenlinie

Trefferwertung: Mittellinie (Mit Torwart)
6m-Schusszone (Ohne Torwart)

Ball: Größe 3 (290g)

 # Neues Regelwerk im Kinderfußball

Regel: Rotation mit festgelegter Reihenfolge jeweils nach 3 min durch Pfeifsignal. Der Torwart wechselt nach jeder Spielrunde, ist aber nicht an der Rotation beteiligt. Bei einem Ausball wird das Spiel durch Eindribbeln oder Einpassen fortgesetzt. Nach jedem Durchgang gehen die Gewinnerteams jeweils ein Spielfeld weiter, die Verliererteams jeweils um ein Spielfeld zurück.

Bei 3 Toren Unterschied kann die zurückliegende Mannschaft einen zusätzlichen Spieler ins Spiel bringen, bis der Spielstand wieder ausgeglichen ist.

 # Neues Regelwerk im Kinderfußball

Die E-Jugend

4 gegen 4

Spieleranzahl: 4 + max. 3 Rotationsspieler
Spiel auf Minitore: 4 Feldspieler ohne Torwart
Spiel auf Kleinfeldtore: 3 Feldspieler plus Torwart

Torwart: je nach Spielform mit oder ohne Torwart

Spielform:Festivalform mit auf- und absteigenden Feldern

Spieldurchgänge: Maximal 6

Spielzeit: 10 - 12 Minuten pro Durchgang

Spielpausen: 3 Minuten

Spielfeld: 40 x 25 Meter

Tore: 4 Minitore (max. 2 x 1,2m) oder
2 Kleinfeldtore (5 x 2 m)
Es sind diverse Spielfelder (mit Minitoren bzw. mit
Kleinfeldtoren) innerhalb eines Turniers möglich.

Minitore: 2m von der Seitenlinie

Trefferwertung: Mittellinie (Mit Torwart)
6m-Schusszone (Ohne Torwart)
Ball: Größe 4 (350g)

 # Neues Regelwerk im Kinderfußball

Regel: Rotation mit festgelegter Reihenfolge jeweils nach 3 min durch Pfeifsignal. Der Torwart wechselt nach jeder Spielrunde, ist aber nicht an der Rotation beteiligt. Bei einem Ausball wird das Spiel durch Eindribbeln oder Einpassen fortgesetzt. Nach jedem Durchgang gehen die Gewinnerteams jeweils ein Spielfeld weiter, die Verliererteams jeweils um ein Spielfeld zurück.

Bei 3 Toren Unterschied kann die zurückliegende Mannschaft einen zusätzlichen Spieler ins Spiel bringen, bis der Spielstand wieder ausgeglichen ist.

 **Neues Regelwerk im Kinderfußball**

5 gegen 5

Spieleranzahl: 5 + max. 4 Rotationsspieler
Spiel auf Minitore: 5 Feldspieler ohne Torwart
Spiel auf Kleinfeldtore: 4 Feldspieler plus Torwart

Torwart: je nach Spielform mit oder ohne Torwart

Spielform:Festivalform mit auf- und absteigenden Feldern

Spieldurchgänge: Maximal 6

Spielzeit: 10 - 12 Minuten pro Durchgang

Spielpausen: 3 Minuten

Spielfeld: 40 x 25 Meter

Tore: 4 Minitore (max. 2 x 1,2m) oder
2 Kleinfeldtore (5 x 2 m)
Es sind diverse Spielfelder (mit Minitoren bzw. mit
Kleinfeldtoren) innerhalb eines Turniers möglich.

Minitore: 2m von der Seitenlinie

Trefferwertung: Mittellinie (Mit Torwart)
6m-Schusszone (Ohne Torwart)

Ball: Größe 4 (350g)

 # Neues Regelwerk im Kinderfußball

Regel: Rotation mit festgelegter Reihenfolge jeweils nach 3 min durch Pfeifsignal. Der Torwart wechselt nach jeder Spielrunde, ist aber nicht an der Rotation beteiligt. Bei einem Ausball wird das Spiel durch Eindribbeln oder Einpassen fortgesetzt. Nach jedem Durchgang gehen die Gewinnerteams jeweils ein Spielfeld weiter, die Verliererteams jeweils um ein Spielfeld zurück.

Bei 3 Toren Unterschied kann die zurückliegende Mannschaft einen zusätzlichen Spieler ins Spiel bringen, bis der Spielstand wieder ausgeglichen ist.

 # Neues Regelwerk im Kinderfußball

7 gegen 7

Spieleranzahl: 7 plus Rotationsspieler
6 Feldspieler plus Torwart

Torwart: immer mit Torwart

Spielform:Festivalform / Turnierform (Ligabetrieb kann eingeführt werden)

Spieldurchgänge: siehe Regeln

Spielzeit: siehe Regeln

Spielpausen: siehe Regeln

Spielfeld: 55 x 35 Meter plus Nebenspielfeld

Tore: 2 Kleinfeldtore (5 x 2 m) plus vier Minitore (max. 2 x
1,2m für Nebenspielfeld)

Tore: mittig

Trefferwertung: Tore dürfen von überall erzielt werden

Ball: Größe 4 (350g)

Neues Regelwerk im Kinderfußball

Regeln:

Spiel mit 2 Mannschaften

7 gegen 7, Spielzeit 4 x 15 min oder 2 x 25 min. Die Rotationsspieler spielen auf Nebenspielfeldern je 7 min. Nach 7 min. erfolgt ein Wechsel ins 7 gegen 7. Ein Sieg im Nebenspielfeld zählt als zusätzliches Tor für das 7 gegen 7-Ergebnis. Bei unterschiedlichen Teamgrößen der Mannschaften kann mit gemischten Mannschaften ohne Wertung für das 7 gegen 7 gespielt werden.

Turnierform mit 3 Mannschaften

7 gegen 7, Spielzeit 2 x 15 min. Das 3. Team spielt zusammen mit den Rotationsspielern der anderen Mannschaften auf den Nebenspielfeldern – Spielzeit 4x6min mit jeweils 2 min. Pause. Für die nächste Paarung erfolgt ein kompletter Spieler-Wechsel.

Bei 3 Toren Unterschied kann die zurückliegende Mannschaft einen zusätzlichen Spieler ins Spiel bringen, bis der Spielstand wieder ausgeglichen ist.

Weitere Regeln

Die Spiele werden ohne Schiedsrichter oder Schiedsrichterin ausgetragen. Die Kinder treffen die Entscheidungen auf dem Spielfeld selbst.

Die Trainer und Trainerinnen geben nur die nötigsten Anweisungen und halten sich zurück. Sie unterstützen die Kinder unter Berücksichtigung ihrer Vorbildfunktion aus einer gemeinsamen Trainer-Zone.

Alle Zuschauer und Zuschauerinnen (besonders Eltern) halten mindestens 3 Meter Abstand zum Kleinspielfeld ein, wobei das Großfeld nicht betreten werden soll.

Kopfbälle werden kaum trainiert, später dazu mehr. Kindgerechte Wettbewerbsformen vermindern die Anzahl und Intensität von Kopfbällen auf ein Minimum (kleine Spielfelder, kleine Tore, weniger Spieler und Spielerinnen, weniger hohe Bälle). Leichte Bälle mit geringem Balldruck reduzieren zusätzlich die Risiken von Kopfverletzungen.

Zur Vermeidung von Unfällen sind Fußballtore so zu sichern, dass ein Umstürzen der Tore in jedem Fall ausgeschlossen werden kann.

 # Neues Regelwerk im Kinderfußball

D-Jugend

(Beispiel Fußballverband Niederrhein / Unterschiede sind aber minimal von Verband zu Verband)

Austragungsmodus: D-Junioren-9er-Teams können zu Meisterschafts- und Pokalrunden
gemeldet werden, die vom Kreisjugendausschuss/Verbandsjugendausschuss organisiert werden.

Eine Spielberechtigung für Pflichtspiele ist notwendig.

Spielerzahl: 9 : 9 (Mindestspielerzahl 6)

Ein- und Auswechseln: beliebig bis zu 4 Kicker

Spielfeldgröße: Die Spiele werden von 16er zu 16er absolviert.

Spielfeldgröße ca. 70 m x 50 m.

Die seitliche Begrenzung ist daher von der Seitenauslinie des Normalspielfeldes nach innen zu markieren.

 **Neues Regelwerk im Kinderfußball**

Tore: 5 m x 2 m (kippsichere Tore)

Torraum: 4 m (Markierung nicht zwingend erforderlich)

Strafraum: 12 m (Markierung mit flacher Markierung möglich)

Strafstoß: 8 m Torentfernung

Spieldauer: 2 x 30 Minuten

Abstoß: vom Boden (Torraum 4 m)

Spielball Größe 4 (350 g)

Abseitsregel: ja

Rückpassregel: ja

Regelwidriges Spiel: normale Regeln

Eckstoß: von der Eckfahne

Spielleiter: Angesetzter Schiedsrichter oder Spielleiter, der von einem der beteiligten Vereine organisiert wird.

 # Trainingseinheit Geburtstag

Trainingseinheit Geburtstag

Merke: Für Bambini und F-Jugendliche ist der Geburtstag ein ganz besonderer Tag. Hier brauchen sie viel Aufmerksamkeit und wollen zurecht im Mittelpunkt stehen. Deswegen sollte der Trainer/in hier mit den Eltern eine Trainingseinheit organisieren, die auf das jeweilige Geburtstagskind ausgerichtet ist. Deswegen hier ein Beispiel für so ein kleines Event.

Ein Kind hat Geburtstag und der Gesprächskreis findet in einer ganz anderen Form statt. Das Geburtstagkind wird von allen Kindern und Erwachsenen gefeiert. Bänke und Tische sind aufgebaut mit Tellern, Besteck, Gläser, Getränke und etwas zum Naschen. Die Getränke sollten überwiegend Apfelschorle und Wasser sein. Hier hat der Trainer oder die Trainerin eine Vorbildfunktion auch für die Eltern, süße Limonaden in großer Menge sind schädlich für Kinder (allein schon wegen hoher Kariesgefahr). Das süße Essen könnte z.B. aus einem Mohrenkopf und einem kleinen Muffin pro Kind bestehen (damit ist der Bauch auch nicht zu voll). Auch hier ist wieder eine Vorbildfunktion angebracht, Bonbons, Lutscher usw. in Hülle und Fülle sind genauso schädlich, und zu vermeiden.

Merke: Bonbons, Lutscher, Kaugummis usw. dürfen den Kleinen nicht vor dem Training oder einem Wettspiel gegeben werden. Die Gefahr eines Verschluckens , während der Belastung mit schlimmen Folgen, ist nicht auszuschließen. Wir dürfen auch nicht vergessen, dass diese Süßigkeiten (in Form von Industriezucker) ungesund sind. Ein regelmäßiger Verzehr oder eine Aufnahme in großer Menge sollte

vermieden werden.

In Bezug auf die Ernährung hat der Trainer oder die Trainerin ebenfalls eine Verantwortung gegenüber den kleinen Fußballern. Hier kann Aufklärungsarbeit gegenüber Eltern geleistet werden, die sich noch nicht über die negativen Folgen von einer zu hohen Aufnahme von Industriezucker informiert haben. Süßigkeiten mit einem hohen Zuckergehalt sollten nur selten konsumiert werden. Bei den Kindern z.B. zu Geburtstagen, Weihnachten, Nikolaus und Ostern. Das sind wohl schon Ausnahmen genug. Dazu gehören auch zuckerhaltige Getränke wie bestimmte Limonaden und Fruchtsäfte. Fruchtsäfte trinkt man am besten in Form von Schorlen, ein Teil Fruchtsaft und zwei Teile Wasser.

Was passiert bei permanent zu hoher Aufnahme von Industriezucker?

Okay, es ist schlecht für die Zähne und Knochen und fördert Diabetes wie Adipositas, das weiß jeder. Aber haben sie auch gewusst, dass dies zum plötzlichen Tod führen, jedoch zumindest die geistige und körperliche Leistungsfähigkeit dramatisch reduzieren kann.

Konsumiert man ständig zu viel Industriezucker, produziert die Leber keine oder nur noch wenig Glukose. Bekommt man nun extern keinen Zucker über Stunden oder Tage, erleidet man einen Zuckerschock, weil kein Zucker mehr im Blut ist, also keine Energie. Es ist nur logisch, dass man dadurch sterben kann. Bitte klären Sie, wenn sich die Gelegenheit bietet, alle Eltern darüber auf.

Also, einen Zuckerschock kann man auch ohne Diabetes erleiden, bei zu hoher und permanenter Aufnahme von Industriezucker.

 # Trainingseinheit Geburtstag

Zurück zu der Trainingseinheit „Geburtstag. Alle Kinder sitzen am Tisch. Sie gratulieren und feiern das Geburtstagskind. Kleine Geschenke (aber wirklich nur Kleinigkeiten) werden überreicht und ein Geburtstagslied wird gesungen.

Nach dem Essen und Trinken erfolgt ein kleines Geburtstagsfest-Aufwärmen.

Viele im Vorfeld aufgeblasene Luftballons werden in einem abgesteckten Feld abgelegt (relative Windstille oder eine windgeschützte Fläche sind natürlich Voraussetzung).

Die Kinder sollen nun die Luftballons aus dieser Fläche nach außen schießen. Wenn alle Bälle aus dem Feld geschossen sind, bekommen sie die Aufgabe, die Bälle mit dem Fuß zum Platzen zu bringen. Die Reste hebt das Kind auf. Wer die meisten Reste gesammelt hat (damit die meisten zertretenen Luftballons), hat das Spiel gewonnen.

 # Trainingseinheit Geburtstag

Turnierspiel

Nach dem Aufwärmspiel beginnt ein Turnier bestehend aus drei Mannschaften. Das Turnierfeld wird nach Anzahl der Spieler abgesteckt. Das Geburtstagskind ist in seiner Mannschaft Kapitän, bestimmt seine Spielposition und seine Mitspieler. Jede Mannschaft spielt zweimal gegeneinander mit einer Spieldauer von 2 x 5 Minuten (die spielfreie Mannschaft hat somit eine kindgerechte Pause, in der sie trinken und sich auf das nächste Spiel vorbereiten können). Gespielt werden kann mit drei erwachsenen Schiedsrichtern, ganz offiziell mit Linienrichtern und einem Schiedsrichter mit Pfeife. Nach einem Tor erfolgt Anstoß von der Mittellinie. Endet das Turnier, gibt es eine richtige Siegerehrung, vielleicht mit Urkunden oder einem kleinen Preis für jedes Kind.

Das Aufräumen wird von allen Kindern und Erwachsenen zusammen durchgeführt, nur das Geburtstagskind ist davon befreit und darf schon mal seine kleinen Geschenke verstauen.

 # Trainingeinheiten für Bambinis

Einige Übungen können auch im F-Jugendbereich eingesetzt werden, je nach Leistungsstand und Entwicklung auch die komplette Einheit.

Bei den Bambini dauert eine Trainingseinheit 60 Minuten und sollte in der Regel zur gleichen Zeit beginnen und enden.

In der F-Jugend dauert eine Trainingseinheit etwa 70 – 80 Minuten.

Warum sollte eine Trainingseinheit bei den Bambini 60 Minuten nicht überschreiten?

Wie schon erwähnt ermüden die Kleinen schnell, die Muskulatur ist noch schwach ausgebildet, die Leistungsvoraussetzungen sind sehr unterschiedlich und die Konzentrationsfähigkeit ist noch sehr gering.

Wichtig ist, dass jede größere Überforderung der Kinder vermieden werden muss.

Bei den ersten Anzeichen von Ermüdungen bei einem Kind, wird dieses geschickt im weiteren Trainingsverlauf geschont.

Auch dürfen wir nicht vergessen, dass Kinder ein ganz anderes Zeitempfinden haben. Eine Stunde konzentrierte Bewegung und Spiel von den Bambini bedeutet ungefähr das Gleiche, als wenn wir drei Stunden trainieren und spielen würden.

Besondere Vorsicht ist bei hohen Außentemperaturen geboten. Ausreichend Getränke müssen bereit stehen und immer wieder Pausen im Schatten eingelegt werden.

 # Trainingseinheiten für Bambinis

Bei extremen Außentemperaturen werden Spiele locker im Schatten absolviert.

Merke: Der Trainer oder die Trainerin hat eine hohe Verantwortung gegenüber den Bambini oder den F-Junioren. Bei extremen Wetterlagen wie Hitze und hohe Ozonwerte oder Sturm mit Regen sollte genau überlegt werden, ob und wo das Training stattfindet.

1. Trainingseinheit

Gesprächskreis bilden

Vor jedem Training sollte obligatorisch ein Gesprächskreis gebildet werden, wo z.B. Neuigkeiten oder andere Sachen besprochen werden.

Grundsatz: Im Bambinitraining werden oft Übungen mit einer kurzen Geschichte erläutert. Die Erfahrung hat gezeigt, dass der Spass an den Übungen dadurch noch größer wird und die Kinder die Übungen schneller verstehen!!!

Spiele ohne Ball: Entgegen der langläufigen Meinung, ist es durchaus möglich, eine komplette Trainingseinheit ohne Ball zu praktizieren, da Spaß und Spiel im Vordergrund stehen.

Kettenfangen

Übungsaufbau und Ablauf:
Es wird ein nicht zu großes Viereck abgesteckt. Ein Spieler ist der Fänger.

Die Spieler verteilen sich in dem Viereck. Der Fänger versucht einen Spieler zu fangen. Gelingt dieses, gibt es 2 Fänger, die sich an der Hand halten müssen um den nächsten Spieler zu fangen. Die Kette wird immer größer bis der letzte Spieler gefangen ist.

1. Trainingseinheit

Kettenfangen

Schwänzchen fangen

Übungsaufbau und Ablauf:
Jedem Kind wird ein Leibchen hinten in den Hosenbund gesteckt. Die Kinder versuchen, möglichst viele Leibchen zu bekommen und das eigene zu behalten.

Das Spiel ist beendet, wenn alle Leibchen gefangen sind. Wer hat die meisten gefangen?

1. Trainingseinheit

Schwänzchen fangen

Feuer-Wasser-Sandsturm

Übungsaufbau und Ablauf:
- Viereck bilden. Trainer ruft die nachfolgenden Kommandos
- Wasser: Alle Kinder müssen auf die Bänke.
- Sandsturm: Alle legen sich auf den Boden.
- Feuer von dort: Alle Teilnehmer müssen in die gegenüberliegende Richtung (Ecke).
- Kaffeeklatsch: Alle setzen sich auf den Boden und Klatschen in die Hände.

# 1. Trainingseinheit

Abschlussspiel

Am Ende erfolgt ein längeres Fußballspiel von zwei Mannschaften, auf einem relativ kleinen Platz, damit viele Tore fallen und relativ kurze Laufwege vorliegen.

Das Abschlussspiel sollte immer mit kleinen Mannschaften absolviert werden, damit die Spieler möglichst viele Ballkontakte haben. Falls nötig müssen 2 Spielfelder abgesteckt werden (siehe auch Spielformen des neuen Regelwerks ab Seite 59, die auch im Training immer wieder zum Einsatz kommen sollten).

Abbauen als Spiel

Übungsaufbau und Ablauf:

Zum Ende des Trainings stellen sich alle Spieler an der Außenlinie nebeneinander auf. Auf ein Trainerkommando starten sie in das Spielfeld und sammeln alle Hütchen, Stangen und Fahnen etc. auf. Wer die meisten Teile einsammelt hat gewonnen.

2. Trainingseinheit

Gesprächskreis bilden

Vor jedem Training sollte obligatorisch ein Gesprächskreis gebildet werden, wo z.B. Neuigkeiten oder andere Sachen besprochen werden.

Verirrte Eskimos

Übungsaufbau und Ablauf:
4 Gruppen bilden. Die Kinder zweier Gruppen sind die Lotsen und die anderen die Eskimos. Zwei Iglus mit Hütchen abstecken. Die Eskimos bekommen die Augen verbunden und haben sich verlaufen. Die Lotsen dürfen die Eskimos per Zuruf zu ihrem Iglu lotsen. Welche Lotsengruppe hat Ihre Eskimos am schnellsten im Iglo.

Wer hat Angst vor dem bösen Wolf?

Übungsaufbau und Ablauf:
Ein Spieler ist der Wolf und die anderen Spieler stellen sich auf gleicher Höhe und in einer Reihe auf. Der Wolf steht einige Meter hinter der Gruppe. In einigem Abstand ist ein Viereck aufgebaut, in welches die Spieler flüchten können.
Wolf: Wer hat Angst vor dem bösen Wolf?
Spieler: Niemand!
Wolf: Und wenn er kommt?
Spieler: Dann laufen wir! (Alle Spieler laufen los und der Wolf versucht, so viele Spieler wie möglich zu fangen).

2. Trainingseinheit

Farbendribbeln

Übungsaufbau und Ablauf:

Es werden einige farbige Vierecke mit Hütchen aufgebaut (siehe Grafik). Es werden 2 oder mehr Mannschaften gebildet. Jeder Spieler erhält einen Ball. Der Trainer ruft eine Farbe, woraufhin alle Spieler in das farbige Viereck dribbeln. Das Team, welches zuerst alle Spieler mit Ball im Viereck hat bekommt 2 Punkte, das nächste einen.

Variation:

Gleiche Übung ohne Ball.

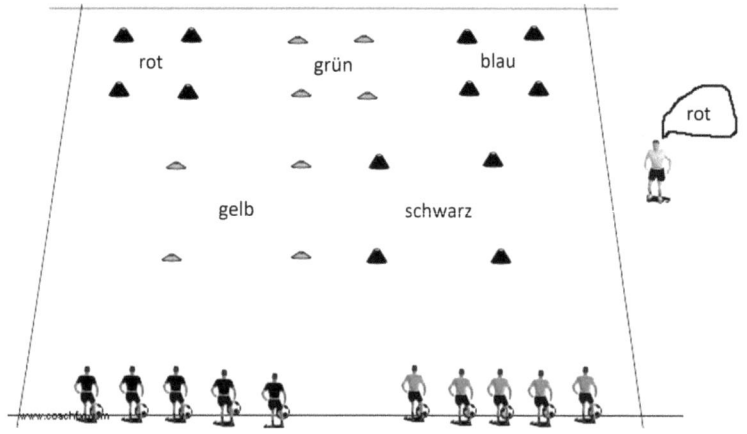

92

2. Trainingseinheit

Fußballspiel

Danach erfolgt ein längeres Fußballspiel von zwei Mannschaften, auf einem relativ kleinen Platz, damit viele Tore fallen und relativ kurze Laufwege vorliegen.

Das Abschlussspiel sollte immer mit kleinen Mannschaften absolviert werden, damit die Spieler möglichst viele Ballkontakte haben. Falls nötig müssen 2 Spielfelder abgesteckt werden (siehe auch Spielformen des neuen Regelwerks ab Seite 59, die auch im Training immer wieder zum Einsatz kommen sollten).

Abbauen als Spiel

Übungsaufbau und Ablauf:
Zum Ende des Trainings stellen sich alle Spieler an der Außenlinie nebeneinander auf. Auf ein Trainerkommando starten sie in das Spielfeld und sammeln alle Hütchen, Stangen und Fahnen etc. auf. Wer die meisten Teile einsammelt, hat gewonnen.

3. Trainingseinheit

Gesprächskreis bilden

Dribbel- und Kurzpassübung

Die Kinder laufen im Sechzehnmeterraum, die eine Hälfte mit Ball, die andere ohne. Immer, wenn ein Kind ohne Ball den Weg kreuzt, muss der ballführende Spieler den Ball abgeben. Die Übung sollte nur 3 – 4 Minuten gespielt werden.

Raupenrennen

Übungsaufbau und Ablauf:
Zwei Mannschaften bilden. Die Kinder müssen sich auf den Boden knien und halten sich an den Fußgelenken vom Vordermann fest. Auf ein Trainerkommando müssen die Raupen so schnell wie möglich ins Ziel kriechen. Die Raupe muss immer zusammenbleiben, ansonsten erhält die gegnerische Mannschaft einen Punkt. Die Raupe, die gewinnt erhält einen Punkt. Welche Mannschaft hat zuerst 5 Punkte?

Schubkarre

Übungsaufbau und Ablauf:
Es werden mehrere Mannschaften mit jeweils 2 Kindern gebildet. Die Schubkarre muss so schnell wie möglich um ein Hütchen und zurück über die Startlinie. Schubkarre: Ein Kind läuft auf den Händen, das andere steht dahinter und hält die Fußgelenke fest.

3. Trainingseinheit

Autorennen

Übungsaufbau und Ablauf:

Es wird eine Rennbahn mit Hütchen aufgebaut, die am Ende zu einem Tor führt. Alle Spieler stellen sich an der Startlinie mit Ball auf. Auf ein Trainerkommando beginnt das Rennen. Die Spieler dribbeln entlang der Rennstrecke und schießen den Ball am Ende der Strecke ins Tor. Welche Spieler erzielen die schnellsten Tore?

Variation:

Die Spieler tragen den Ball und werfen diesen dann ins Tor.

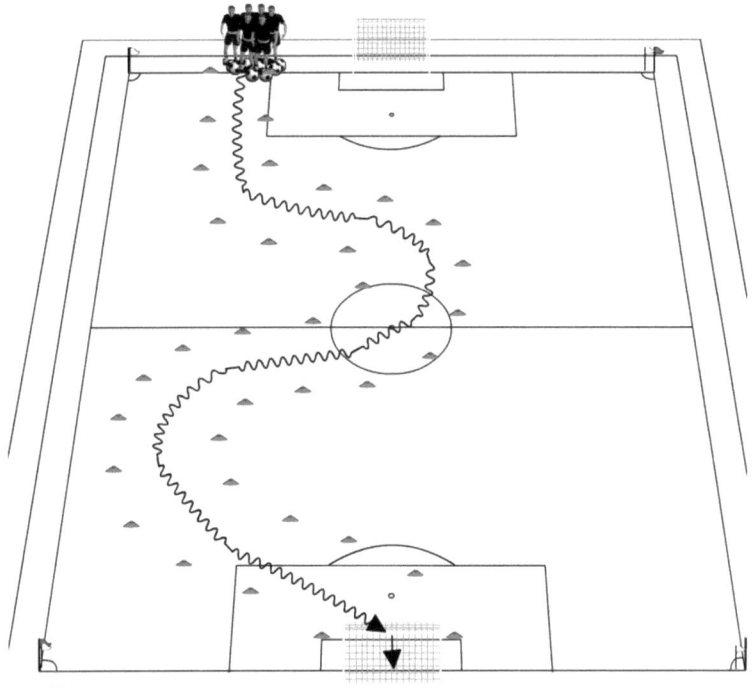

3. Trainingseinheit

Abschlussspiel auf mehrere Tore

Übungsaufbau und Ablauf: siehe Grafik

Abbauen als Spiel

Übungsaufbau und Ablauf:

Zum Ende des Trainings stellen sich alle Spieler an der Außenlinie nebeneinander auf. Auf ein Trainerkommando starten sie in das Spielfeld und sammeln alle Hütchen, Stangen und Fahnen etc. auf. Wer die meisten Teile einsammelt, hat gewonnen.

4. Trainingseinheit

Gesprächskreis bilden

Sprintduelle

Übungsaufbau und Ablauf:
Es werden 4 Vierecke mit jeweils 4 Hütchen markiert. Der Trainer bildet 2 Teams die sich nebeneinander jeweils in einem Viereck aufstellen. In den anderen beiden Vierecken werden alle Bälle gleich verteilt abgelegt. Auf ein Trainerkommando starten die jeweils ersten Spieler eines Teams zu ihrem Viereck und holen einen Ball, den sie mit den Händen tragen. Welches Team hat alle Bälle zuerst in seinem Viereck?

Variation:
Die Bälle werden mit dem Fuß gespielt.
etc.

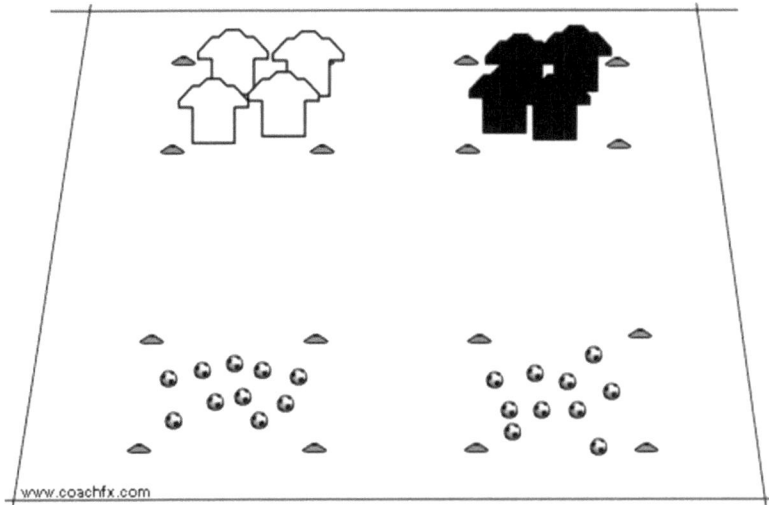

4. Trainingseinheit

Übungsaufbau und Ablauf:

Jetzt stellen sich alle Betreuer ins Tor. Entweder zählen die erzielten Tore oder die angeschossenen Betreuer.

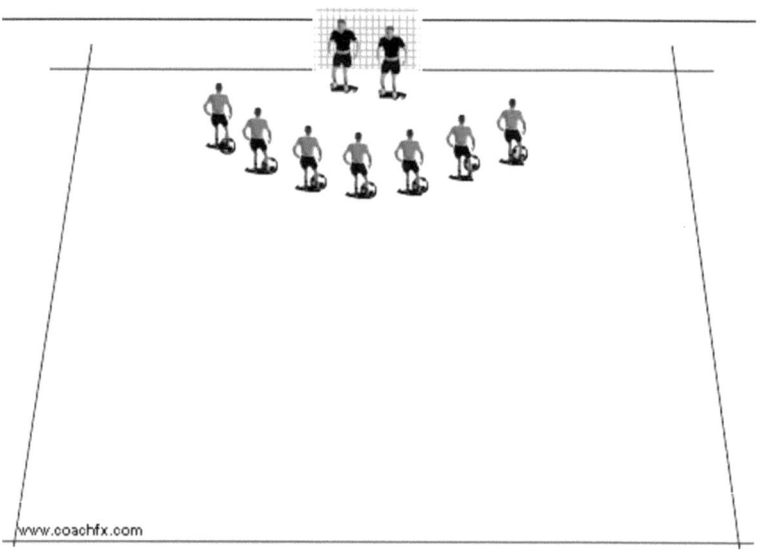

4. Trainingseinheit

Betreuerschießen 2

Übungsaufbau und Ablauf:

Es wird ein Viereck mit vier Hütchen in der Mitte der Trainingsfläche aufgebaut. Das Viereck sollte nicht größer als 3*3 Meter sein. Die Kinder verteilen sich alle mit Ball um das Viereck. Andere Bälle liegen zusätzlich im Feld. Auf ein Kommando schießen alle Spieler ins Viereck und versuchen die Betreuer zu treffen. Nach dem Schuss nehmen sich die Spieler einen freien Ball und schießen erneut. Wer erzielt die meisten Treffer?

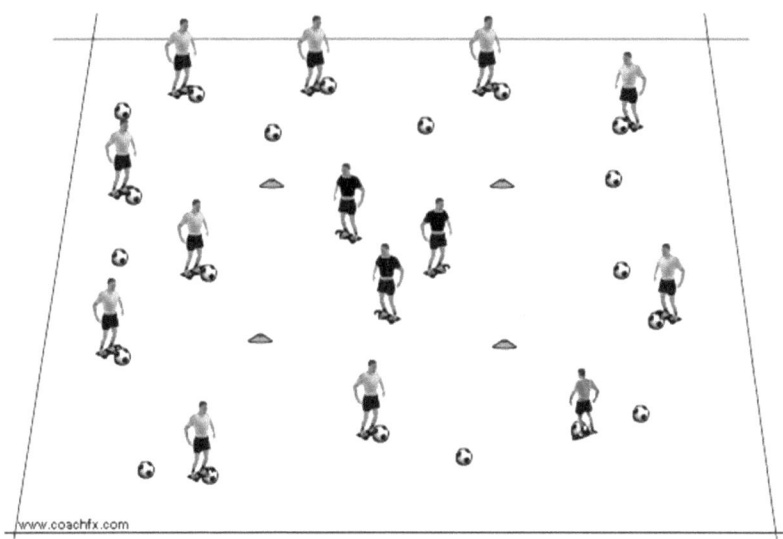

4. Trainingseinheit

Zielschießen

Übungsaufbau und Ablauf:
Je nach Anzahl der Spieler und Betreuer werden 3 oder mehr spitz zulaufende Punktefelder (Dreiecke) mit Hütchen aufgebaut.
Dahinter befindet sich, wenn möglich ein etwas größeres Hütchen oder ein anderer Gegenstand.
Ca. 5 Meter davor wird eine Schusslinie mittels Fahnen abgesteckt. Nochmals ca. 15 Meter davor befinden sich gleichgroße Gruppen mit Ball (siehe Grafik).

Auf ein Trainerkommando dribbeln die jeweils ersten Spieler jeder Gruppe bis zur Schusslinie, und versuchen von dort aus durch das Punktefeld zu schießen.
Verlässt der Ball, z.B. nach dem dritten Hütchen das Dreieck bekommt der Spieler, und damit die Mannschaft 3 Punkte.
Der Spieler holt seinen Ball und läuft so schnell wie möglich zu seiner Gruppe zurück (hierbei kann der Ball getragen oder auch gedribbelt werden).
Jetzt folgt ein weiteres Trainerkommando, und der jeweils nächste Spieler ist an der Reihe, etc.

Welche Mannschaft hat nach einigen Durchgängen die meisten Punkte?

4. Trainingseinheit

Zielschiessen

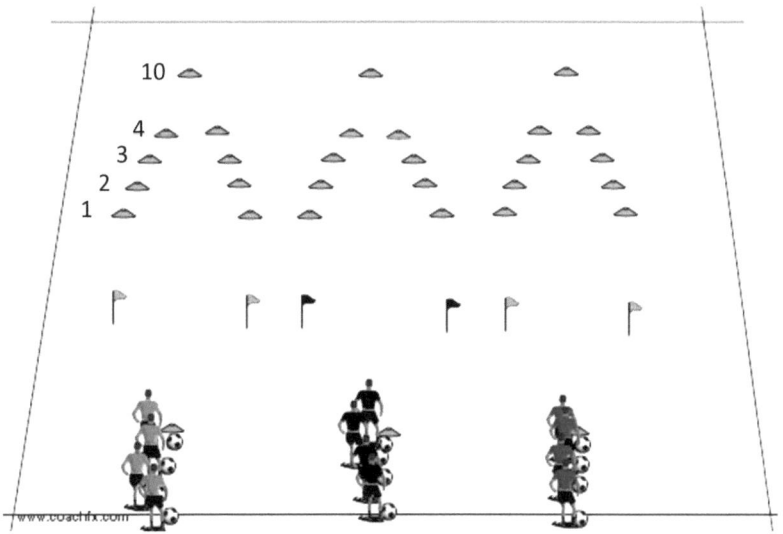

Abschlussspiel

Die Kinder spielen wieder auf mehrere Tore (siehe Trainingseinheit 3). Diesmal wird die Spielfläche relativ klein gehalten, und der Ball darf nur mit dem linken Fuß geführt und geschossen werden.
Der Einwurf wird mit der linken Hand ins Spielfeld gerollt.

5. Trainingseinheit

Gesprächskreis bilden

Steh Bock, lauf Bock

Übungsaufbau und Ablauf:
Ein Kind wird als Fänger ausgewählt. Die anderen Kinder befinden sich in einem abgegrenzten Spielfeld. Der Fänger probiert die Anderen zu fangen. Wenn ihm das gelingt, muss das gefangene Kind stehen bleiben, und sich in eine Grätschstellung begeben. Ein nicht gefangenes Kind kann ein gefangenes Kind befreien, indem es durch die Beine krabbelt. Ziel des Fängers ist es, möglichst alle Gruppenmitglieder zu fangen, bevor ein noch freies Kind ein gefangenes befreien kann.
Ist das Fangen für ein Kind zu schwer, werden mit der Zeit zwei oder drei Fänger eingesetzt.

Hütchenwald

Übungsaufbau und Ablauf:
Die Spieler werden in 2 Gruppen eingeteilt.
Zwei Tore mit Torhütern im Abstand von ca. 30 Metern gegenüber aufstellen.
Hütchenwald mit 2 verschiedenen Farben errichten (siehe Grafik).
Neben den Toren werden jeweils 3 kleine Hürden aufgebaut.
Jeder Gruppe wird ein Tor und eine Hütchenfarbe zugewiesen. Die Kinder dribbeln im Hütchenwald und müssen zuerst

5. Trainingseinheit

4 Hütchen der eigenen Mannschaft beim Dribbling mit der Hand berühren.

Anschließend dribbelt der Spieler jeweils zum gegnerischen Tor und schießt von der markierten Linie aus aufs Tor.

Auf dem Rückweg zum Hütchenwald wird zu den Hürden gedribbelt. Der Ball wird durch die Hürden gespielt, und der Spieler überspringt diese (siehe Grafik).

Variation:

Vor dem Hütchen den Ball in die Hände nehmen und das Hütchen überspringen.

Hütchenwald

5. Trainingseinheit

Spiele "3 gegen 3"

Übungsaufbau und Ablauf:

Es werden vier Mannschaften mit jeweils 2 oder 3 Spielern gebildet. Es werden 2 Felder gebildet auf denen jeweils 2 Teams gegeneinander, auf Hockeytore oder Hütchentore ohne Torwart, spielen.

Welche Mannschaft erzielt die meisten Tore?

Abschlussspiel auf mehrere Tore

Übungsaufbau und Ablauf: siehe Grafik

6. Trainingseinheit

Gesprächskreis bilden

Fangt die Diebe

Übungsaufbau und Ablauf:

Es werden 2 oder 3 Kinder als Polizisten ausgewählt. Diese Kinder bekommen ein Leibchen. Die restlichen Kinder sind Diebe. Mit vier Hütchen wird ein Gefängnis aufgebaut. Auf ein Trainerkommando versuchen die Polizisten die Diebe zu fangen. Hier reicht eine leichte Berührung und der Dieb muss ins Gefängnis gehen. Schaffen die Polizisten es, alle Diebe in einer vorgegebenen Zeit zu verhaften?

6. Trainingseinheit

Liniendribbeln

Übungsaufbau und Ablauf:
Die hellen Spieler versuchen ihre jeweilige Linie zu verteidigen. Die dunklen Spieler versuchen durch beide Linien zu dribbeln. Gelingt dieses, gibt es 2 Punkte. Wird nur eine Linie durchdribbelt, gibt es einen Punkt, sonst keinen. Nach einiger Zeit werden die Aufgaben gewechselt.
Welches Team bekommt die meisten Punkte?
Aufbau siehe Grafik

6. Trainingseinheit

Dribbeln und Passen

Übungsaufbau und Ablauf:
Es werden Paare mit jeweils einem Ball gebildet. Der Spieler mit Ball dribbelt zum nächsten Hütchentor und passt dem mitgelaufenen Partner den Ball durch das Hütchentor zu. Dieser dribbelt jetzt zum nächsten Hütchentor und passt den Ball wieder durch das Tor zum Mitspieler usw.
Aufbau siehe Grafik

Am Ende des Trainings erfolgt ein normales **Abschlussspiel**.

7. Trainingseinheit

Wegen ihrer Wichtigkeit wird diese Trainingseinheit aus der Einleitung (Seiten 60 - 63) noch einmal wiederholt.

Ein Kind hat Geburtstag und der Gesprächskreis findet in einer ganz anderen Form statt. Das Geburtstagkind wird von allen Kindern und Erwachsenen gefeiert.

Bänke und Tische sind aufgebaut mit Tellern, Besteck, Gläser, Getränke und etwas zum Naschen.

Die Getränke sollten überwiegend Apfelschorle und Wasser sein. Hier hat der Trainer oder die Trainerin eine Vorbildfunktion auch für die Eltern, süße Limonaden in großer Menge sind schädlich für Kinder (allein schon wegen hoher Kariesgefahr).

Das süße Essen könnte z.B. aus einem Mohrenkopf und einem kleinen Muffin pro Kind bestehen (damit ist der Bauch auch nicht zu voll).

Auch hier ist wieder eine Vorbildfunktion angebracht, Bonbons, Lutscher usw. in Hülle und Fülle sind genauso schädlich, und zu vermeiden.

Merke: Bonbons, Lutscher, Kaugummis usw. dürfen den Kleinen nicht vor dem Training oder einem Wettspiel gegeben werden. Die Gefahr eines Verschluckens während der Belastung mit schlimmen Folgen, ist nicht auszuschließen.

Wir dürfen auch nicht vergessen, dass diese Süßigkeiten (in Form von Industriezucker) ungesund sind.

Ein regelmäßiger Verzehr oder eine Aufnahme in großer Menge sollte vermieden werden.

Alle Kinder und Erwachsenen sitzen am Tisch. Sie gratulieren und feiern das Geburtstagskind. Kleine Geschenke (aber wirk-

lich nur Kleinigkeiten) werden überreicht und ein Geburtstagslied wird gesungen.

Nach dem Essen und Trinken erfolgt ein kleines Geburtstagsfest-Aufwärmen.

Viele im Vorfeld aufgeblasene Luftballons werden in einem abgesteckten Feld abgelegt (relative Windstille oder eine windgeschützte Fläche sind natürlich Voraussetzung).

Die Kinder sollen nun die Luftballons aus dieser Fläche nach außen schießen. Wenn alle Bälle aus dem Feld geschossen sind, bekommen sie die Aufgabe, die Bälle mit dem Fuß zum Platzen zu bringen.

Die Reste hebt das Kind auf. Wer die meisten Reste gesammelt hat (damit die meisten zertretenen Luftballons), hat das Spiel gewonnen.

Turnierspiel

Nach dem Aufwärmspiel beginnt ein Turnier bestehend aus drei Mannschaften. Das Turnierfeld wird nach Anzahl der Spieler abgesteckt.

Das Geburtstagskind ist in seiner Mannschaft Kapitän, bestimmt seine Spielposition und seine Mitspieler.

Jede Mannschaft spielt zweimal gegeneinander mit einer Spieldauer von 2 x 5 Minuten (die spielfreie Mannschaft hat somit eine kindgerechte Pause, in der sie trinken und sich auf das nächste Spiel vorbereiten können).

Gespielt werden kann mit drei erwachsenen Schiedsrichtern, ganz offiziell mit Linienrichtern und einem Schiedsrichter mit Pfeife. Nach einem Tor erfolgt Anstoß von der Mittellinie.

7. Trainingseinheit

Endet das Turnier, gibt es eine richtige Siegerehrung, vielleicht mit Urkunden oder einem kleinen Preis für jedes Kind.

Das Aufräumen wird von allen Kindern und Erwachsenen zusammen durchgeführt, nur das Geburtstagskind ist davon befreit und darf schon mal seine kleinen Geschenke verstauen.

8. Trainingseinheit

Gesprächskreis bilden

Aufwärmübung/Kurzpassübung

Es werden Vierergruppen gebildet, die sich in ein paar Metern zueinander im Viereck aufstellen.

Die Kinder haben nun die Aufgabe, sich den Ball mit der Innenseite genau zuzuspielen (die Übung darf nur kurz eingesetzt werden, da sie sonst zur Langeweile führt).

Staffellauf

Es erfolgt ein Staffellauf von zwei Mannschaften gegeneinander, die Siegermannschaft darf sich das nächste Spiel oder Übung ausdenken.

Die beiden Mannschaften laufen parallel zueinander, wobei jede die gleiche Strecke von etwa 20 Metern läuft, danach wird die Staffel an den nächsten Läufer gegeben (hier darf natürlich kein harter Staffelstab genommen werden, sondern vielleicht ein großes Band).

Die Schlussläufer müssen über eine Markierung laufen, wie bei einem echten Staffellauf.

Bei einer ungeraden Zahl von Kindern, darf ein Kind das Startkommando abgeben.

Die nächste Übung oder das nächste Spiel bestimmt nun die Siegermannschaft im Staffellauf.

8. Trainingseinheit

Kinderkegeln

Es werden wieder zwei Mannschaften gebildet. Die zu kegelnde Mannschaft steht starr im Kegelraum. Die Kinder haben die Vorstellung, dass sie echte Kegel sind und werden auch dementsprechend positioniert (einer vorn, zwei dahinter, drei dahinter usw. mit einem Abstand von etwa drei Metern zueinander). Die kegelnde Mannschaft steht mit anderthalb Metern Abstand zum ersten Kegel an einer Markierung, die nicht überschritten werden darf.

Jeder Kegler hat zwei Bälle und rollt sie nacheinander auf die Kegel. Wird ein Kind von einem Ball getroffen, lässt es sich zu Boden fallen (durch den großen Abstand fällt kein Kind ins andere).

Welche Mannschaft trifft die meisten Kegel?

Variation:

Jetzt werden die Bälle mit der Seite und flach geschossen.

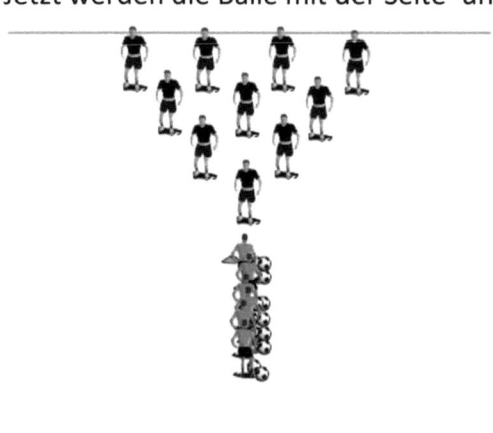

Am Ende des Trainings erfolgt ein normales **Abschlussspiel**.

9. Trainingseinheit

Gesprächskreis bilden

Aufwärmübung/Wurfübung

Die Kinder befinden sich in einem relativ kleinen abgesteckten Feld. Der Trainer wirft zwei kleine Schaumstoffbälle hinein. Nun sollen sich die Kleinen gegenseitig mit Ball abwerfen. Wer getroffen wurde, muss das Feld verlassen, und der auf den Boden fallende Ball kann von jedem Kind wieder zum nächsten Wurf aufgenommen werden.
Welches Kind bleibt bis zum Schluss im Feld?
Die Übung kann nach dem ersten Durchgang wiederholt werden.

Schussübung

Nach dem Wurfspiel wird die gleiche Übung mit dem Abschießen durch den Fuß gespielt.

Dribbel- und Schussübung

Hier beginnen wir mit einer kleinen Geschichte. Die Kleinen sollen sich vorstellen, sie wurden in einem wichtigen Spiel kurz vor dem Tor gefoult und bekamen keinen Freistoß. Jetzt sind sie richtig sauer, rappeln sich vom Boden auf und schießen mit voller Wucht auf das Tor.

9. Trainingseinheit

Bei der Übung sieht das folgendermaßen aus:
Ein Bambini dribbelt auf das Tor mit Torwart zu. Der Trainer steht mit einem großen Gymnastikreifen (am besten aus Plastik und einem kantenlosen Ring) etwa 8 Meter vor dem Tor und hält den Reifen leicht senkrecht nach unten fest mit Bodenkontakt. Der kleine Spieler oder die kleine Spielerin passen den Ball durch den Ring und müssen nun auf allen Vieren durch den Reifen krabbeln (sie wurden ja gefoult). Danach sofort aufstehen und den Ball auf das Tor schießen (die Schussnähe zum Tor ist abhängig von der jeweiligen Schusskraft und individuell festzulegen).
Die Übung geht der Reihe nach.

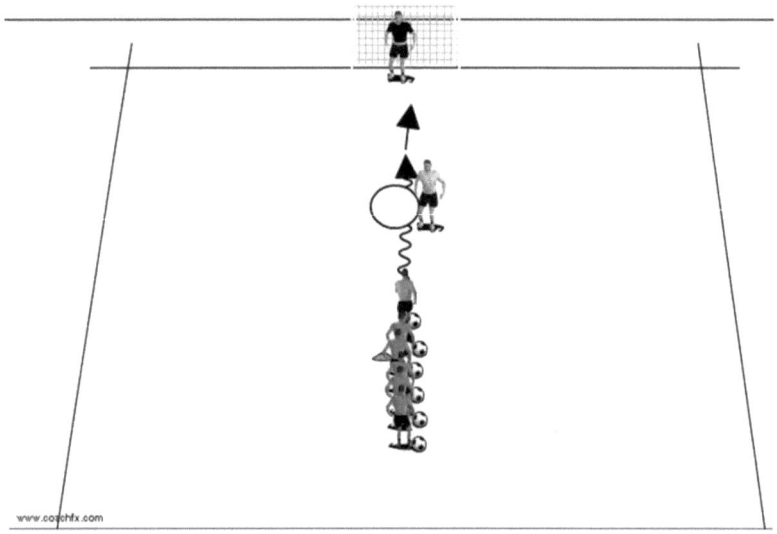

114

9. Trainingseinheit

Abschlussspiel auf mehrere Tore

Übungsaufbau und Ablauf: siehe Grafik

Das Abschlussspiel sollte immer mit kleinen Mannschaften absolviert werden, damit die Spieler möglichst viele Ballkontakte haben. Falls nötig müssen 2 Spielfelder abgesteckt werden (siehe auch Spielformen des neuen Regelwerks ab Seite 59, die auch im Training immer wieder zum Einsatz kommen sollten).

10. Trainingseinheit

Gesprächskreis bilden

Aufwärmspiel: Schweinchen in der Mitte

In einem relativ kleinen Feld gibt es einen Fänger und Einen, der gefangen werden muss. Die anderen Kinder sitzen in Zweiergruppen eng nebeneinander (mit dem Gesicht in die gleiche Richtung) und gleichmäßig verteilt im Raum. Setzt sich der Gejagte rechtzeitig zu einer Zweiergruppe an den Rand, so dass jetzt alle drei nebeneinander eng zusammensitzen, muss das Kind auf der anderen Außenseite jetzt rechtzeitig aufstehen und weglaufen, weil es die Position des Gejagten einnimmt.

Bei der gebildeten Dreiergruppe muss sich das dritte Kind natürlich auch richtig herumsetzen, d.h. alle schauen in die gleiche Richtung und der Rücken zeigt in die gleiche Richtung. Setzt sich ein Kind falsch hin, darf es trotzdem gefangen werden und wird zum Jäger.

Wird der Gejagte vom Jäger berührt, wird dieser zum Jäger. Das andere Kind setzt sich zu einer Zweiergruppe und bestimmt den nächsten Gejagten an der anderen Außenseite.

Variation:
Das Fangspiel beginnt mit zwei Jägern und zwei Gejagten.

Bemerkung: In der Praxis haben wir dieses Fangspiel noch nicht mit Bambini ausprobiert, bei F-Jugendlichen hat es funktioniert und den Kindern viel Spaß gemacht.

Variation im Stehen

www.coachfx.com

Torschussspiel

Es werden zwei Gruppen gebildet, die sich wieder in Zweiergruppen zusammentun.

In jeder Gruppe wird eine Zweiergruppe zu scheinbar unbesiegbaren Torleuten erklärt. Diese Torleute stellen sich in ein Tor und auf der anderen Seite das Gleiche.

Die Zweiergruppen laufen nun nacheinander mit einem Ball auf die Unbesiegbaren zu und müssen von einer bestimmten Entfernung auf das Tor schießen. Während des Anrennens wird auch abgespielt und der Torschütze bestimmt.

10. Trainingseinheit

Gelingt das Tor, werden der Torschütze und sein Partner zu den Unbesiegbaren erklärt und übernehmen das Tor, die vorher Unbesiegbaren müssen nun auch auf das Tor anlaufen und wollen natürlich ihren Status zurück.

Es werden hier zwei Gruppen gebildet, die unabhängig voneinander auf ihr Tor schießen, damit die Wartezeiten nicht zu lang werden.

Die Torentfernung wird so gewählt, dass die Unbesiegbaren eine gute Chance haben, die Bälle abzuwehren.

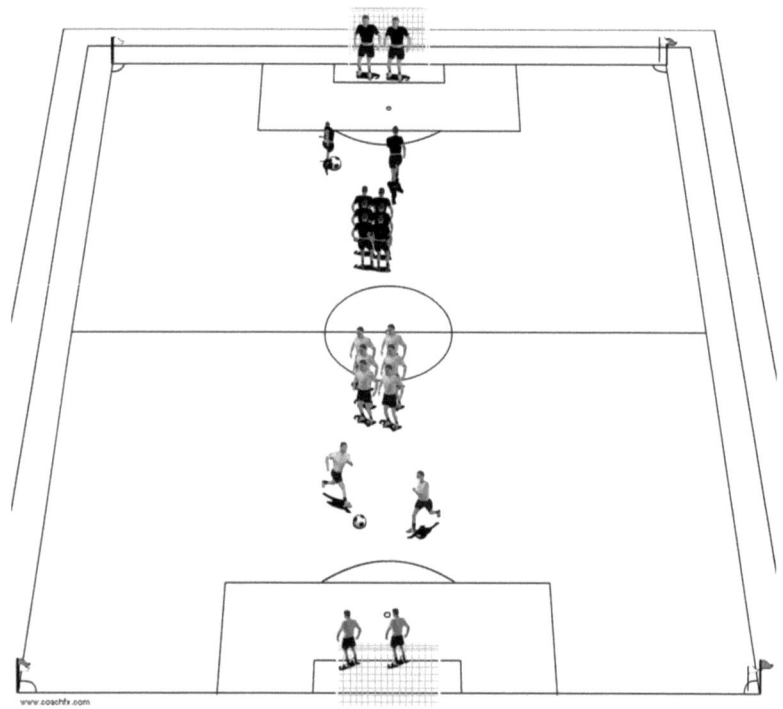

Am Ende des Trainings erfolgt ein **Abschlussspiel**.

11. Trainingseinheit

Gesprächskreis bilden

Kartoffelrennen/Aufwärmübung

Wir benötigen für diese Übung vier Esslöffel und zwei Kartoffeln, die optimal in diese Löffel passen.

Es werden zwei Mannschaften gebildet, die die Aufgabe haben, ein Ferkelchen mit der Kartoffel zu füttern. Dafür muss aber jedes Kind einer Mannschaft ein kleines Stück mit der Kartoffel im Löffel laufen oder gehen, die Kartoffel an den Nächsten in den anderen Löffel legen und den eigenen Löffel weiterreichen. Das letzte Kind in der Staffel muss die Kartoffel in eine bestimmte Zone ablegen (z.B. ein ganz klein abgestecktes Feld in dem ein Stofftier, am besten ein Ferkel steht).

Welche Mannschaft füttert sein Ferkel zuerst?

Übungsablauf

Zwei Mannschaften stehen nebeneinander und jeweils fünf Meter von einer Fahnenstange frontal entfernt. Die Startläufer laufen mit dem Löffel in der Hand und der Kartoffel in dem Löffel auf die Fahne zu, dann um die Fahne herum und zurück zum Start. Nachdem sie die Startlinie wieder überschritten haben, dürfen sie die Kartoffel in die Hand nehmen und dem nächsten Läufer in den Löffel legen, der dann losläuft. Der angekommene Läufer übergibt dann seinen Löffel an den übernächsten Läufer usw.

Der letzte Läufer muss dann die Kartoffel bis in die Ferkelzone mit dem Löffel laufen, und darf dann erst die Kartoffel in die

Hand nehmen und beim Ferkel absetzen.

Verliert ein Kind die Kartoffel unterwegs, muss es sie aufheben, in den Löffel legen und darf erst dann weiterlaufen.

Der Trainer oder die Trainerin verdeutlicht den Kindern, dass sie bei einem schnellen Laufen eher die Kartoffel verlieren und damit auch Zeit und eventuell ein langsames Laufen oder sogar Gehen von Vorteil sein kann.

11. Trainingseinheit

Ferkel will Fußball spielen

Jetzt wird die gleiche Übung durchgeführt, allerdings mit einem Fußball. Die ersten Läufer halten jetzt mit beiden Händen einen Fußball fest, und laufen wieder um die Fahnenstange und übergeben schließlich den Ball an den Nächsten usw.
Der letzte Läufer rennt wieder zum Ferkel und gibt ihm den Ball.

Welche Mannschaft übergibt zuerst dem Ferkel den Ball, damit es Fußball spielen kann?

Ferkel will wieder Fußball spielen

Die zwei Mannschaften treten wieder gegeneinander an, aber jetzt muss der Ball mit dem Fuß geführt werden.

Ferkel wird abgeschossen

Jedes Kind bekommt einen Ball und alle dribbeln gleichzeitig auf ein Tor zu, in dem der Trainer oder die Trainerin steht. Von einer vereinbarten Entfernung schießen alle Kinder gleichzeitig auf das Tor. Nein, sie wollen kein Tor schießen. Sondern, wer trifft das Ferkel zwischen den zwei Pfosten?

11. Trainingseinheit

Torschussübung

Je ein Spieler der beiden Mannschaften dribbelt auf das Tor zu, in dem wieder der Trainer/in steht und schießen wieder von einer vereinbarten Entfernung auf das Tor. Haben sie geschossen, starten die nächsten Spieler.

Welche Mannschaft schießt die meisten Tore?

Am Ende des Trainings erfolgt ein **Abschlussspiel**.

Das Abschlussspiel sollte immer mit kleinen Mannschaften absolviert werden, damit die Spieler möglichst viele Ball-kontakte haben. Falls nötig müssen 2 Spielfelder abgesteckt werden (siehe auch Spielformen des neuen Regelwerks ab Seite 59, die auch im Training immer wieder zum Einsatz kommen sollten).

 # 12. Trainingseinheit

Training außerhalb der Sportanlage

Trainingseinheiten außerhalb der Sportanlage sind bei Bambinis und F-Jugendlichen eine willkommene Abwechslung. Denkbar sind hier Veranstaltungen auf einem ausgewählten **Spielplatz** mit einem kleinen Bolzplatz, in einem geeigneten **Tierpark**, nicht nur mit interessanten Tieren, sondern auch mit einem Bolz- und einem Spielplatz, oder in einem **Freibad**.

Wichtig ist hier, dass genügend Eltern als zusätzliche Betreuer dabei sind.

Es wird ein kleines Fußballturnier organisiert und die Kinder, die spielfrei haben, können ungestört unter Aufsicht herumtollen.

Unter Umständen können die Kleinen hier bis zu drei Stunden verbringen, wobei das Fußballturnier wesentlich kürzer ist.

Genügend Getränke und kleine Knabbereien müssen natürlich dabei sein.

Noch einmal zur Erinnerung:

Die Getränke sollten überwiegend Apfelschorle und Wasser sein. Hier hat der Trainer oder die Trainerin eine Vorbildfunktion auch für die Eltern, süße Limonaden in großer Menge sind schädlich für Kinder (allein schon wegen hoher Kariesgefahr).

Die Knabbereien könnten aus Obst, Plätzchen (nicht zu süß), Butterbroten, Brötchen usw. zusammengestellt werden.

13. Trainingseinheit

Gesprächskreis bilden

Schattenlauf

Es wird ein Quadrat abgesteckt, in denen sich Paare bilden, von denen jeweils einer als Schattengeber und der andere als Schatten bestimmt wird. Der Schattengeber läuft los und erfüllt verschiedene Aufgaben, wie z.B. rückwärtslaufen hüpfen, etc. Der Schatten läuft hinterher und macht alle Bewegungen des Schattengebers nach.

Handball

Es werden 2 Mannschaften gebildet, die im Quadrat auf Minitore Handball spielen.
Hier kann auch gleichzeitig mit mehreren Bällen gespielt werden. Nach einiger Zeit wird aus dem Handballspiel ein Fußballspiel und danach wieder ein Handballspiel und so weiter. Diese Übung eignet sich auch sehr gut als **Hallentraining**.

Weltreise

Ein ca. 10 x 10 Meter großes Quadrat einrichten.
Dieses Quadrat stellt Europa dar. 5 weitere kleine Felder einrichten, die die übrigen Kontinente darstellen. Alle Spieler befinden sich mit Ball in Europa.

 # 13. Trainingseinheit

Auf ein Trainerkommando beginnt die Weltreise, indem die Kinder in einen beliebigen Kontinent dribbeln und wieder zurück. Welches Kind beendet die Weltreise als Erstes?

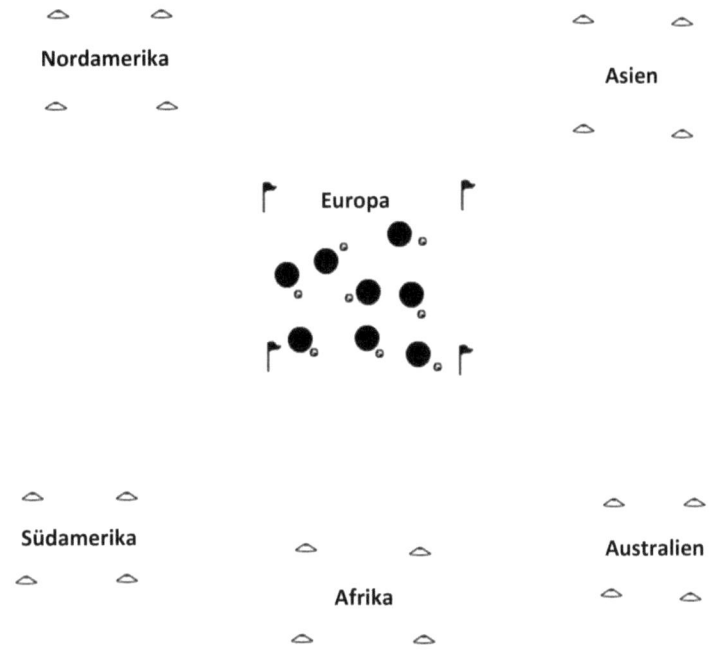

Am Ende des Trainings erfolgt ein **Abschlussspiel**.

Das Abschlussspiel sollte immer mit kleinen Mannschaften absolviert werden, damit die Spieler möglichst viele Ballkontakte haben. Falls nötig müssen 2 Spielfelder abgesteckt werden (siehe auch Spielformen des neuen Regelwerks ab Seite 59, die auch im Training immer wieder zum Einsatz kommen sollten).

14. Trainingseinheit

Gesprächskreis bilden

Blinder Floh

Es wird ein nicht zu großes Quadrat abgesteckt. Alle Spieler sind Flöhe und dürfen sich nur hüpfend bewegen. Ein Spieler wird als „blinder Floh" bestimmt und bekommt die Augen verbunden. Ziel des blinden Flohs ist es, einen anderen Floh zu fangen. Im Gegensatz zu den anderen Flöhen darf der blinde Floh so oft hüpfen, wie er will. Die anderen dürfen nur 5- oder 10-mal hüpfen. Wird ein Floh gefangen, wird er zum blinden Floh.

Der weiße Hai

Die Spieler schwimmen im Atlantik (linkes Viereck) und machen dabei liegend Schwimmbewegungen. Der Trainer ruft: "Der Hai" und alle stehen so schnell wie möglich auf und laufen zum rettenden Ufer (rechtes Viereck).

14. Trainingseinheit

Nummernspiel

Ein ca. 10 x 10 Meter großes Quadrat einrichten, indem sich alle Spieler mit Ball befinden. Außerhalb des Quadrats befinden sich 2 Tore mit Torhütern (siehe Grafik). 2 gleichgroße Mannschaften bilden und jedem Spieler eine Zahl zuweisen (bei einer Mannschaftsstärke von 5 Spielern, die Zahlen von 1-5). Die Spieler dribbeln frei im Quadrat. Der Trainer ruft eine Zahl. Die aufgerufenen Spieler starten ins Spielfeld und versuchen ein Tor zu erzielen.

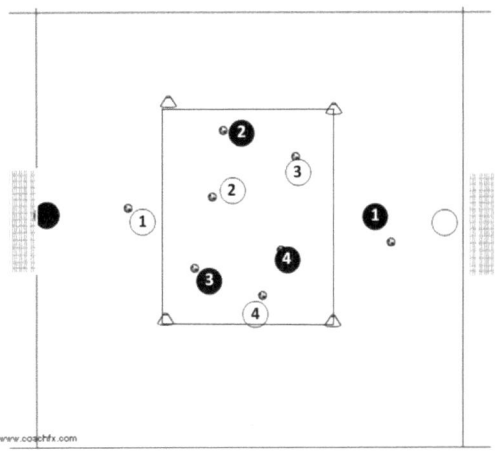

Torschussübung

2 Tore aufbauen und besetzen. 2 gleichstarke Gruppen bilden. Es wird ein einfacher Dribbelparcour mit Hütchen eingerichtet. Nach Erreichen des letzten Hütchens wird auf das Tor geschossen.

Abschlussspiel

127

 # 15. Trainingseinheit Halle

Gesprächskreis bilden

Die Halle ist für die Kleinen etwas ganz Besonderes. Der Gesprächskreis sollte deswegen nur von kurzer Dauer sein, denn die Kinder wollen jetzt "action".

Schwänzchen fangen

Als Aufwärmübung könnte man hier wieder „Schwänzchen fangen" spielen.

Übungsaufbau und Ablauf:

Jedem Kind wird ein Leibchen hinten in den Hosenbund gesteckt. Die Kinder versuchen, möglichst viele Leibchen zu bekommen und das eigene zu behalten. Das Spiel ist beendet, wenn alle Leibchen gefangen sind. Wer hat die meisten gefangen?

www.coachfx.com

15. Trainingseinheit Halle

Schuss- und Laufübung/Geschicklichkeit

Die Handballtore werden aufgebaut (wir brauchen hier mindestens zwei zusätzliche Betreuer, während der Trainer die Übung erklärt).

Die Tore müssen absolut feststehen, und beim Aufbau darf kein kleiner Fußballer in der Nähe sein. Ein umfallendes Handballtor kann für die Kleinen lebensgefährlich sein.

Zu beiden Toren wird ein Hindernisparcour aufgebaut, bestehend aus Fahnenstangen, Turnmatten und einer Hochsprungmatte.

Von der Hallenmitte aus werden zuerst hintereinander vier Fahnenstangen in einem Abstand von einem Meter aufgebaut, dann folgen zwei Turnmatten hintereinander und ohne Abstand in Längsrichtung aneinander gelegt und zum Schluss die Hochsprungmatte auch in Längsrichtung und ohne Abstand zu den Turnmatten.

Das Gleiche wird in Richtung des anderen Tores aufgebaut.

Ca. zwei Meter von der Hochsprungmatte entfernt liegen sehr viele Bälle nebeneinander (siehe Grafik).

Der Abstand von dem Tor zu den Bällen wird so gewählt, dass es nicht unbedingt leicht für die Kleinen ist, das Tor zu treffen.

Die Bälle sind Gymnastikbälle, Volleybälle, Handbälle und Fußbälle (in diesem Alter können die Kinder nicht so hart schießen, dass die Nicht-Fußbälle einen Schaden erleiden).

15. Trainingseinheit Halle

Schuss- und Laufübung/Geschicklichkeit

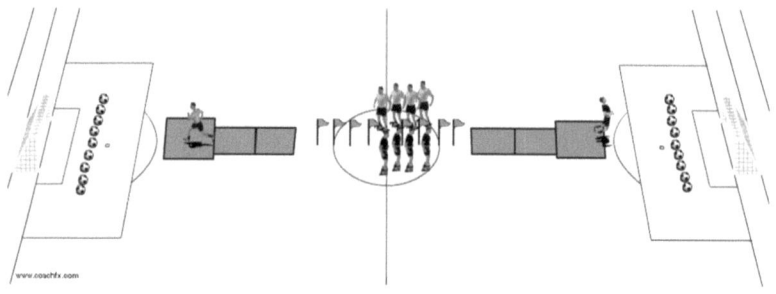

Die Kinder werden in zwei Gruppen eingeteilt und der Trainer erzählt folgende Geschichte zu dem bevorstehenden Wettkampf:

Der Ball liegt vor dem gegnerischen Tor und kein Torwart ist in der Nähe. Du kannst den Ball erreichen und auf das Tor schießen, aber der Weg dorthin ist beschwerlich. Zuerst musst du im Slalom durch die Abwehrfront laufen (Fahnenstangen), dann über sandigen Untergrund (Turnmatten), schließlich durch stark aufgeweichten Boden (Hochsprungmatte) und zum Schluss musst du einen kleinen Sprung von einem Minihügel machen (Hochsprungmattenkante), noch einige Schritte laufen und ins leere Tor schießen.

15. Trainingseinheit Halle

Du darfst aber immer nur einen Ball schießen und keinen anderen Ball berühren, sonst scheidet dieser für den weiteren Wettkampf aus.

Genauer Ablauf:

Auf Kommando laufen die ersten beiden Kinder los. In jeder Mannschaft stehen sie hintereinander. Wenn der Ball geschossen worden ist, läuft das nächste Kind los. Nach dem Torschuss wird zurückgelaufen und sich hinten wieder angestellt.

Der Wettkampf ist beendet, wenn beide Mannschaften alle Bälle geschossen haben.

Die schnellere Mannschaft bekommt einen Punkt Bonus.

Dann werden alle Bälle im Tor gezählt, und die Mannschaft mit den meisten Punkten hat gewonnen.

Dribbel- und Torschussübung/Geschicklichkeit

Die Hochsprungmatten werden schnell entfernt und die Turnmatten parallel mit der Längsseite nebeneinander gelegt, allerdings mit einem Abstand von 50 Zentimetern. Die Fahnenstangen stehen davor in gleicher Form. Der Aufbau erfolgt auf beiden Seiten.

15. Trainingseinheit Halle

Dribbel- und Torschussübung/Geschicklichkeit

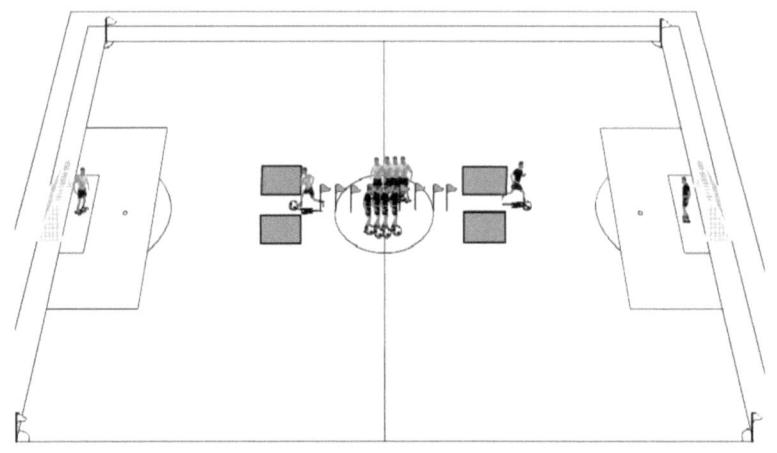

Ablauf:

Jede Mannschaft legt einen Torwart fest, der beliebig ausgetauscht werden kann.

Die Übung ist kein Wettkampf, sondern reines Training. Die Spieler laufen mit Ball an, dribbeln durch die Fahnenstangen, führen den Ball geschickt durch den Mattenkanal und ziehen auf das Tor ab (Abstand zum Tor der Schusskraft anpassen). Erst nach dem Torschuss läuft der nächste Schütze los, damit der Torwart genügend Zeit hat, den Ball aus dem Spiel zu bringen.

Nach dem Schuss wird sich hinten wieder angestellt.

Abschlussspiel

16. Trainingseinheit Halle

Gesprächskreis bilden

Aufwärmübung/Wurfübung/Geschicklichkeit

Wir benötigen 3 – 5 Schaumstoffbälle mindestens in Tennisballgröße. In einem begrenzten Feld versuchen sich die Kinder gegenseitig abzuwerfen. Mit dem Ball in der Hand darf man höchstens fünf Schritte laufen (Schrittanzahl wird der Menge und der Größe des Raumes angepasst) und muss dann zügig werfen. Getroffene Kinder verlassen die Spielfläche und haben nun die Aufgabe, mit den Betreuern die aus dem Spielbereich geworfenen Bälle, ins Spielfeld zurückzubefördern. Geworfene Bälle werden so schnell wie möglich aufgehoben, und wieder wird versucht, jemanden abzuwerfen. Die letzten zwei oder drei Kinder sind die Sieger. Ein absoluter Sieger wird nicht ausgespielt, weil sonst die Spieldauer zu lang und langweilig für die ausgeschiedenen Kinder ist. Die Übung wird in der Regel zwei- oder dreimal wiederholt.

Schussübung

Die Übung wird wiederholt, aber diesmal wird versucht, die anderen Kinder abzuschießen.
Es darf direkt geschossen werden oder der Ball wird vorher zwei bis drei Schritte geführt. Diese Übung wird ebenfalls zwei- bis dreimal wiederholt.

Abschlussspiel

17. Trainingseinheit Halle

Hallenturnier am Trainingstag

Der Trainer oder die Trainerin organisiert an einem Trainingstag in der Halle mit einigen Betreuern/Eltern ein Hallenfußballturnier für die Kleinen (mit so vielen Zuschauern aus dem Bekannten- und Verwandtenkreis wie möglich).

Dieses Turnier soll möglichst wichtig und offiziell für die Kinder erscheinen. Deswegen wird das Turnier vorher ange-kündigt, und die jeweiligen Mannschaften werden vorher festgelegt. Am besten besteht das Turnier aus drei Mannschaften, damit die Spielpausen nicht zu lang sind.

Jede Mannschaft hat ein eigenes Trikot (es kann sich auch um T-Shirts in der gleichen Farbe handeln), eigene Betreuer und einen eigenen Trainer/in.

Der eigentliche Trainer oder Trainerin ist Schiedsrichter und hat die Oberaufsicht über das gesamte Turnier und ist auch für die abschließende Siegerehrung verantwortlich.

Bei der Siegerehrung bekommt jedes Kind eine Urkunde und eine Medaille (das ist für die Kinder enorm wichtig und für wenig Kosten zu organisieren, da es einfache Urkunden und Medaillen gibt).

Auf der Urkunde wird der Name des Kindes eingetragen und persönlich vom Trainer/in unterschrieben.

Die Spieldauer eines Spiels beträgt 2 x 5 Minuten und jede Mannschaft spielt zweimal gegeneinander über die ganze Halle. Die Anzahl der Spieler auf dem Feld richtet sich nach der Hallengröße. Können alle Spieler gleichzeitig eingesetzt werden, ist das umso besser, da die Spielzeit relativ kurz ist.

# 17. Trainingseinheit Halle

Sollte ein Spieler einer Mannschaft ausfallen, haben die anderen Mannschaften halt einen Auswechselspieler.

Vor Beginn des Turnieres hält der eigentliche Trainer/in eine offizielle Ansprache und gibt den genauen Ablauf des Turnieres bekannt.

An mehreren Stellen wird der genaue Zeitplan des Turnieres und die Spielzeiten der Mannschaften angeschlagen (eine Zeitreserve sollte immer eingeplant werden, damit eventuelle Verzögerungen ausgeglichen werden können, auch ein Informationstisch mit einem Elternteil, der über alles Auskunft geben kann, ist sinnvoll).

Nach der Ansprache bekommen die Teams genügend Zeit, sich vor Beginn des Turniers unter Aufsicht des jeweiligen Trainers aufzuwärmen.

18. Trainingseinheit Halle

Gesprächskreis bilden

Kettenfangen in der Halle

Die ganze Halle ist Fanggebiet. Ein Spieler ist der Fänger.
Übungsablauf:

www.coachfx.com

Die Spieler verteilen sich in der Halle. Der Fänger versucht einen Spieler zu fangen. Gelingt dieses, gibt es 2 Fänger, die sich an der Hand halten müssen, um den nächsten Spieler zu fangen. Die Kette wird immer größer, bis der letzte Spieler gefangen ist.

In der Halle bereitet diese Übung den Kleinen einen noch viel

18. Trainingseinheit Halle

größeren Spaß als im Freien. Die Übung kann bei andauerndem Spaßfaktor ruhig mehrmals gespielt werden.

Variation: Die Übung startet mit zwei Fängern und es bilden sich dann natürlich zwei Ketten. Die Kette mit den meisten Kindern hat zum Schluss gewonnen.

Turnstunde

Wir brauchen hier mehrere Betreuer und Aufsichtspersonen, damit ein schneller und sicherer Aufbau gewährleistet ist und auch die Durchführung des anschließenden Parcours überwacht wird. Bei diesem Turnparcour zählt nur der Spaßfaktor, und die Kinder dürfen die Stationen so oft sie wollen wechseln. Lässt das Interesse der meisten Kinder nach, wird die Turnstunde beendet. Einige Übungen, die mehr Zeit und Konzentration in Anspruch nehmen, werden doppelt aufgebaut.

Mögliche Übungen:

° Purzelbaum und Strecksprung auf der Turnmatte üben (zwei Übungsstationen anbieten mit Aufsicht und Anleitung).

° Springseile werden auf dem Boden der Länge nach ausgelegt. Ziel ist es, auf dem Seil der ganzen Länge nach sicher zu „balancieren" (mehrere Seile auslegen).

° Wer schafft es, auf einer Hallenbank sicher von einer Seite zur anderen zu balancieren (erst gehen, dann schnell gehen, dann laufen). Diese Übung ist mit Matten an den Seiten abgesichert und wird beaufsichtigt.

° Die Kinder hängen sich am Reck und schwingen hin und her.

# 18. Trainingseinheit Halle

Auch hier werden Matten untergelegt und die Übung braucht eine Aufsicht. Bei Auf- und Abbau des Recks sind natürlich keine Kinder in der Nähe und nach dem Aufbau kontrolliert noch einmal der Trainer oder die Trainerin, ob das Reck sicher verankert ist.

° Die Kinder springen auf einer Weichbodenmatte. Wer kommt am weitesten, wer macht die beste Torparade, wer springt am lustigsten? Die Betreuer achten auf die Sicherheit, und das die Kinder nacheinander springen.

Weitere Übungen lassen der Phantasie freien Lauf.

Merke: Die Sicherheit und der Spaßfaktor hat bei der Turnstunde oberste Priorität. Sie kann nur mit mehreren Erwachsenen durchgeführt werden, wegen des Sicherheitsfaktors, der ordentlichen Betreuung und Anleitung und des zügigen Auf- und Abbaus.

Abschlussspiel

Nach der Turnstunde erfolgt ein kleines Abschlussspiel. Bei wenig verbleibender Zeit werden keine Tore aufgestellt, sondern z.B. Pylonen mit der Anweisung „nur flach geschossene Tore zählen".

19. Trainingseinheit Halle

Gesprächskreis bilden

Aufwärmen/Geschicklichkeit/Spaß

Es werden zwei Mannschaften gebildet und ein Luftballonwettkampf wird gestartet. Jedes Kind erhält einen Luftballon. Die ersten beiden Kinder aus jeder Mannschaft laufen mit einem Luftballon los und sollen ihn in einen großen Behälter ablegen (z.B. leerer Korbwagen für Bälle).
Danach laufen sie zurück und schlagen den nächsten Läufer ab, der dann wiederum den Ballon in den Korb befördern soll usw.
Jede Mannschaft muss gleichviele Ballons in dieser Staffelform in den Korb befördern. Natürlich hat die Mannschaft gewonnen, die dies zuerst schafft.

Ballonschuss-Spiel

In einer bestimmten Zone hat jede Mannschaft (jede Mannschaft besitzt eine eigene Zone) zwei bis drei Ballons pro Kind liegen.
Auf Kommando sollen alle Kinder beider Mannschaften gleichzeitig je einen Ballon mit den Füßen (Schießen oder Führen) aus dieser Zone in eine andere abgesteckte Zone befördern (auch hier besitzt wieder jede Mannschaft eine eigene Zone).

19. Trainingseinheit Halle

Wer dies geschafft hat, läuft zurück und nimmt sich den nächsten Ballon vor. Die Mannschaft hat gewonnen, die zuerst alle Ballons in die neue Zone transportiert hat.

Sollte ein Ballon platzen, bekommt das jeweilige Kind einen Reserveballon vom Trainer, muss aber wieder in der ursprünglichen Zone starten.

Der Weg in die neue Zone darf natürlich nicht zu weit sein, sonst verlieren die Kinder das Interesse.

Hier könnte man z.B. wieder eine schöne Geschichte erzählen, wie:

Die Ballons befinden sich auf einer gerade eingeschalteten Herdplatte und platzen, wenn sie zu heiß werden.

Deswegen sollen sie in eine neutrale Zone geschaffen werden, was allerdings mit den Füßen geschehen muss, weil die Ballons für die Hände schon zu heiß sind.

Ballon-Endspiel

Viele im Vorfeld aufgeblasene Luftballons werden in einem abgesteckten Feld abgelegt.

Die Kinder sollen nun die Luftballons aus dieser Fläche nach außen schießen. Wenn alle Bälle aus dem Feld geschossen sind, bekommen sie die Aufgabe, die Bälle mit dem Fuß zum Platzen zu bringen.

Die Reste hebt das Kind auf. Wer die meisten Reste gesammelt hat (damit die meisten zertretenen Luftballons), hat das Spiel gewonnen.

Abschlussspiel

20. Trainingseinheit Halle

Gesprächskreis bilden

Staffelwettbewerb

Der Trainer oder die Trainerin baut vor dem Training in jeder Hallenhälfte den gleichen kleinen Hindernisparcour, mit Matten, Hochsprungmatten, Fahnenstangen usw., in Form eines Rundkurses auf.

Der Parcour sollte gleichzeitig mit oder ohne Ball durchlaufen werden können.

Es werden zwei Mannschaften gebildet, die sich jeweils in einer Hallenhälfte an einer Startposition aufbauen.

Auf Kommando laufen die Startläufer los, Slalom durch die Fahnenstangen, längs über die Weichbodenmatte usw.

Wieder am Start angekommen, übergeben sie z.B. einen kleinen Ball und der Nächste läuft los.

Die Mannschaft, die zuerst alle Läufer am Ziel hat, ist natürlich Sieger.

Bei einer ungeraden Anzahl von Kindern läuft natürlich einer zweimal.

Staffelwettbewerb mit Ball im Dribbling

Der gleiche Wettkampf wird jetzt mit einem Fußball durchgeführt. Die Kleinen sollen nun den Ball durch den Parcour mit dem Fuß führen. Der Parcour darf natürlich keinen hohen Schwierigkeitsgrad haben, sonst verlieren die Kinder ganz schnell die Freude an diesem Wettkampf.

 **20. Trainingseinheit Halle**

Gymnastikreifen-Fußball

Die Handballtore sind aufgebaut und die beiden Mannschaften bleiben bestehen. Nach Anzahl der Kinder werden Gymnastikreifen mit etwa gleichem Abstand in der Halle verteilt. Gespielt wird ohne Torwart, d.h. es befindet sich kein Reifen in der Nähe der Torlinie. In jeden Reifen stellt sich ein Kind mit einem oder mehreren Bällen (wir verwenden Schaumstoffbälle, Gymnastikbälle, Volleybälle).

Die Mannschaften sind natürlich gleichmäßig mit Abwehr- und Angriffsspielern im Feld verteilt.

Auf Kommando schießen die Kleinen die Bälle Richtung gegnerisches Tor. Ziel ist es, möglichst viele Bälle in dieses Tor zu schießen und zu sammeln.

Wenn alle Bälle sich in den Toren befinden, ist das Spiel zu Ende und die Mannschaft, mit den meisten Bällen im gegnerischen Tor, hat gewonnen.

Regeln

° Bälle dürfen nur geschossen werden.

° Der Ring darf nicht verlassen werden. Ein Körperteil muss immer im Reifen bleiben. Die Kinder dürfen also mit den Händen nach Bällen greifen, die sich außerhalb des Reifens befinden. Allerdings muss zumindest die Fußspitze im Ring bleiben. Danach können die Kleinen mit dem Ball in den Reifen zurückkriechen und müssen in diesem, den Ball Richtung gegnerisches Tor schießen oder auch zu einem Mitspieler, der näher zum Tor steht.

° Gegnerische Bälle dürfen abgefangen werden, aber auch

# 20. Trainingseinheit Halle

muss zumindest die Fußspitze im Reifen bleiben.

° Bälle, die keiner mehr erreichen kann und nicht im Tor sind, werden von Betreuern wieder ins Spiel gebracht. Das nächststehende Kind bekommt den Ball.

Auch hier wird wieder darauf geachtet, dass beim Toraufbau bzw. Abbau kein Kind in der Nähe steht. Auch diese Trainingseinheit braucht mindestens zwei Erwachsene.

Abschlussspiel

21. Trainingseinheit

Motto „Karneval"

Wir beschreiben hier eine Trainingseinheit, die als Turnier ausgetragen wird. Sie macht den Bambinis und auch den F-Junioren einen ordentlichen Spaß. Allerdings brauchen wir hier eine perfekte Planung. Das Turnier kann in der Woche oder auch am Wochenende stattfinden. Es läuft unter dem Motte „Karneval". Jede teilnehmende Mannschaft muss einheitlich verkleidet spielen. Die eine Mannschaft spielt z.B. als Schornsteinfeger-Mannschaft, die andere als Batman-Mannschaft, Superman-Mannschaft, Indianer-Mannschaft usw.

Aber bitte mit den anderen Trainern die Verkleidung absprechen, damit die Teams sich nicht gleich verkleiden.

Achtung: Hier liegt die Schwierigkeit. Die Kostüme dürfen nicht behindern, keinen Hitzestau verursachen (zu dickes Material bei hohen Außentemperaturen) oder zu Verletzungen führen wie durch Metall, dicke Knöpfe oder scharfe Ränder usw.

Die Kostüme einer Mannschaft müssen natürlich nicht alle gleich aussehen oder 100 Prozent professionell sein.

Die Eltern lassen sich schon was einfallen.

Die Trainerin oder der Trainer muss natürlich jedes Kostüm kontrollieren, ob es den Sicherheitsansprüchen entspricht. Meistens gehen Veränderungen noch sehr kurzfristig.

Dann empfiehlt sich bei den Indianern noch eine leichte Kriegsbemalung, bei den Schornsteinfegern etwas schwarz im Gesicht, bei den Anstreichern etwas weiß usw.

21. Trainingseinheit

Am Ende darf natürlich eine Siegerehrung nicht fehlen. Jedes Kind bekommt einen Preis gerichtet nach seiner Verkleidung. Die Schornsteinfeger-Mannschaft z. B. einen kleinen Schornsteinfeger aus Schokolade oder Marzipan, die Supermann-Mannschaft einen kleinen Spielzeug-Supermann usw. Die Pokalübergabe darf natürlich auch nicht fehlen.

Also wenn genügend Eltern hier mitarbeiten, organisieren und ein wenig finanziell helfen, wird dies ein Turnier, welches den Kindern immer in schöner Erinnerung bleibt.

22. Trainingseinheit

Gesprächskreis bilden

Im Bann des Magiers

Es wird ein 12 x 12 Meter großes Quadrat markiert, im Inneren wird ein 3 x 3 Meter großes Quadrat errichtet, wird aber in der ersten Übung noch nicht benötigt.

Ablauf: Die Kinder laufen frei im Feld. Hebt der Magier nun einen Arm (am besten mit einem Zauberstab) sind die Kinder verzaubert, und müssen nun Bewegungsaufgaben befolgen. Sagt der Trainer z.B. Katze, sollen die Kinder auf allen Vieren gehen und miauen, bei Rennauto schnell laufen und laut sein, bei Frosch hüpfen und quaken, bei Elefant groß machen und posaunen usw.
Die Spielform wird auf 5 Minuten begrenzt.

Danach erfolgt die gleiche Übung. Hierbei soll aber gleichzeitig ein Ball geführt werden. Hierbei kommen lustige Sachen heraus.

Im Knast

Die Kinder laufen wieder frei im äußeren Quadrat. Zwei Kinder werden „böse Zauberer" und fangen die anderen Kinder. Diese werden im inneren Quadrat eingesperrt. Die anderen Kinder können die Gefangenen befreien, indem sie die ausgestreckte Hand derer berühren. Auch dieses Spiel wird auf fünf Minuten begrenzt.

22. Trainingseinheit

Danach gibt es nur einen Fänger, aber der hat es jetzt leichter. Alle anderen müssen nun nämlich einen Ball führen. Werden sie gefangen und eingesperrt, betreten sie das innere Quadrat natürlich mit Ball.

Bei der nächsten Runde laufen die Kinder wieder frei und ohne Ball im äußeren Quadrat, jetzt ist aber die Trainerin oder der Trainer der „böse Zauberer".

Abschlussspiel

Begrüßungsphase

Es folgt eine Wiederholung folgender Übung zum Festigen des Innenseitstoßes. Je Übung wird die Trainingsdauer auf 5 Minuten begrenzt.

Kreispassen oder Rechteckpassen

Die kleinen Fußballer werden in Gruppen mit jeweils fünf Kindern aufgeteilt. Vier Kinder bilden ein Rechteck oder einen Kreis um das fünfte Kind mit Ball herum. Der Abstand des zentralen Kindes zu den anderen beträgt etwa fünf Meter.
Auf Kommando spielt das Kind im Zentrum den Ball zum ersten Kind im Kreis, erhält den Ball zurück, spielt ihn weiter zum nächsten und bekommt ihn wieder zurück usw. Der Ball soll direkt gespielt werden, wenn der Leistungsstand dies erlaubt.
Nach kurzer Zeit wird gewechselt.
- Gleiche Übung, aber jetzt darf der Ball nur noch mit links gespielt werden.
- Gleiche Übung, aber jetzt ist eine Reihenfolge nicht mehr vorgegeben.

„5 gegen 2"

Jetzt spielen die Kinder „5 gegen 2" oder eine andere Form mit mehreren Ballkontakten, zwei Ballkontakten oder zum Schluss auch direkt. Die Spielform ist hier sehr stark abhängig

vom Leistungsstand. Erkämpfen die beiden Spieler in der Mitte den Ball, darf der Spieler den Kreis verlassen, der sich dort länger aufgehalten hat.

Völkerball

Zur Abwechslung wird heute einmal Völkerball gespielt. Die Feldgröße bestimmt sich aus Wurfkraft und Anzahl der Kinder. Am Anfang hat jede Mannschaft drei Werfer außerhalb des Feldes, je einer an der gegnerischen Grundlinie. Die Kinder, die abgeworfen wurden, gesellen sich zu den eigenen Werfern und dürfen mit abwerfen. Sind alle Kinder einer Mannschaft getroffen, müssen die drei Startwerfer ins Feld. Diese haben aber drei Leben, d.h. sie müssen dreimal getroffen werden, bevor sie ausscheiden. Die Mannschaft, die zuerst komplett abgeworfen wird, ist der Verlierer.

Bei diesem Spiel setzen wir nur sehr weiche Bälle (z.B Schaumstoffbälle) ein und erhöhen die Dynamik des Spiels mit einem Einsatz von zwei Bällen gleichzeitig.

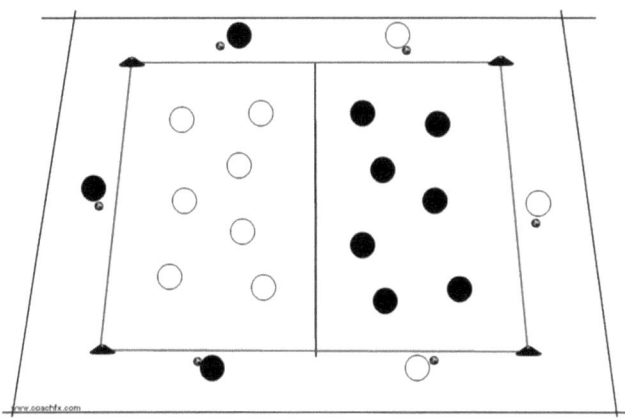

 # 23. Trainingseinheit erst ab F-Jugend

Abschlussspiel auf vier Tore und mit zwei Bällen

Diesmal spielen alle Kinder, verteilt auf zwei Mannschaften, mit. Zwei Bälle werden eingesetzt, damit mehr Ballkontakte garantiert sind und auch der Spaßfaktor höher ist (wie in der ersten Trainingseinheit).

24. Trainingseinheit

Mini-Fußball-Trainingseinheit

Gesprächskreis bilden

Aufbau für die folgenden Spiele: Es wird ein Spielfeld von etwa 16 x 20 Meter mit zwei Toren errichtet.

1. Spiel

Es wird 4 gegen 4 oder 5 gegen 5 mit festem Torwart gespielt. Gleichzeitig befindet sich ein „lebendiges" Tor auf dem Platz. Zwei Spieler laufen mit einer Stange gemeinsam über den Platz, und halten die Stange am jeweiligen Ende fest. Sie bilden also ein laufendes Tor. Die Mannschaft, die in Ballbesitz ist, kann nun ein Tor erzielen, indem sie das „normale" Tor treffen oder durch das „lebendige" Tor schießen. D.h. unter der Stange zwischen den zwei Trägern treffen. Die zwei Träger versuchen natürlich diese Tore beider Mannschaften zu verhindern. Nach einem Treffer im „lebendigen" Tor, wird das Spiel nicht unterbrochen. Diese erste Spiel sollte etwa 10 bis 15 Minuten dauern. Aber die Aufgaben werden dabei regelmäßig getauscht.

2. Spiel

Das zweite Spiel findet auf dem gleichen Platz statt. Es werden zwei Mannschaften mit jeweils 6 oder mehr Spielern gebildet. Die jeweiligen Mannschaften werden wiederum in zwei Teams getrennt, z.B. in 2 x 3, 2 x 4 oder 1 x 3 und 1 x 4. Die erste Mannschaft besteht aus Team 1 und 2, die

andere Mannschaft aus Team 3 und 4.

Zuerst spielen Team 1 und 3 normal gegeneinander (ein fester Torwart kann, muss aber nicht festgelegt werden). Nach etwa zwei Minuten ruft der Trainer oder die Trainerin „Team 2 und 4 rein, Team 1 und 3 raus". Jetzt müssen Team 1 und 3 sofort das Spielfeld verlassen, und werden jeweils durch ihr anderes Team ersetzt. Nach weiteren 2 Minuten spielen wieder die anderen Teams. Danach kann es zu interessanten Variationen kommen, wie nur ein Team wird jeweils ausgetauscht, z.B. Team 4 durch 3 usw.

Bestehen die Teams z.B. aus jeweils drei und vier Spielern, kann und soll durch Tausch dieser auch eine Über- bzw. Unterzahl entstehen.

Auch diese Spielform wird auf 10 bis 15 Minuten begrenzt.

Achtung: Bei den Bambinis dieses Spiel genau erklären. Es dauert ein wenig bis die Kleinen es verstanden haben. Aber danach haben sie große Freude an dieser Spielvariation.

Abschlussspiel

Heute spielen wir einmal zum Schluss mit zwei großen Mannschaften gegeneinander.

25. Trainingseinheit

Reitturnier und Pferderennen

Gesprächskreis bilden

Es wird ein Feld von etwa 30 x 40 Metern markiert. Dieses Feld wird später auch für das Abschlussspiel genutzt.

1. Spiel

Die Kinder bewegen sich frei im Feld, und sollen nun Bewegungen von Pferden nachahmen, erst einmal ohne Vorgaben. Nach einer Minute folgen die ersten Vorgaben des Trainers oder der Trainerin wie „Pferdchen spring", „Pferdchen Galopp, Schritt oder Trab", „Pferdchen lauf starke Kurve" usw. Die Übung wird auf drei bis vier Minuten begrenzt.

2. Spiel

Das Spiel wird jetzt wiederholt, aber jedes Pferdchen muss nun gleichzeitig einen Ball dabei führen (Dauer etwa 2 Minuten).

Pferderennen

Der Trainer/in geht mit den Kindern auf die Laufbahn, falls vorhanden, ansonsten wird eine andere Möglichkeit gesucht. Das Rennen geht über etwa 100 Meter. Zuerst sollen alle Kinder in einer Reihe nebeneinander gehen und wechseln relativ schnell in „Trab" (langsames Laufen) über. An der

Zuschauertribüne heben die Kinder ihre Hände und winken den virtuellen Zuschauern begeistert zu. Sie traben immer noch nebeneinander. Jetzt sollen sie über einen Wassergraben springen, und die etwa letzten dreißig Meter wird um die Wette galoppiert, wer gewinnt?

Galoppwettbewerb mit Ball

Die Kinder stehen auf dem Platz wiederum in einer Reihe und nebeneinander. Jedes Kind ist in Ballbesitz. Auf Kommando laufen sie im „Galopp „ (also Sprint) mit Ball etwa 50 Meter ins Ziel. Wer gewinnt dieses Galopprennen?

Abschlussspiel

Der „Pferdetag" ist zu Ende. Es kommt zu einem langen Abschlussspiel auf dem abgesteckten Feld, auf zwei Toren mit normalen Regeln und ausnahmsweise auf diesem großen Feld mit vielen Spielern (falls vorhanden).

# 26. Trainingseinheit

Zonenwächter

Es wird ein 20 x 20 Meter großes Feld in zwei gleich große Zonen eingeteilt. Zwei Zonenwächter werden in jede Zone gestellt. Auf ein Kommando versuchen die anderen Kinder auf die andere Seite der Grundlinie zu gelangen. Allerdings sollen sie dabei die Zonen überqueren, ohne von den Wächtern abgeschlagen zu werden. Wer von den Wächtern berührt wird, wird ebenfalls Wächter und muss in die Zone gehen. Jetzt beginnt das Spiel von vorn. Wer bleibt als Letzter außerhalb der Zone übrig, und gewinnt das Spiel?

Variation: Nach diesem Spiel wird der Schwierigkeitsgrad für die Fänger erhöht. Die Zonen starten jeweils mit nur einem Fänger.

Variation: Jetzt wird wiederum mit einem Zonenwächter pro Zone gestartet, aber die übrigen müssen jetzt die Grundlinie mit einem getragenen Ball erreichen. Abgeschlagene Kinder müssen wiederum in die Zone als Wächter, allerdings wird der Ball außerhalb des Feldes abgelegt.

Variation: Es wird wieder mit Ball gespielt, aber jetzt soll er zur anderen Grundlinie kurz am Fuß geführt werden.

26. Trainingseinheit

Brennball

Das nächste Spiel ist eine Art Brennball. Das Feld wird ohne Zonen übernommen. Es werden zum Beispiel zwei Mannschaften mit jeweils 6 Spielern gebildet. Die eine Mannschaft sind die „Dunklen", die andere die „Hellen". Team Dunkel erhält drei Bälle, das andere Team verteilt sich frei im Feld. Team Dunkel wirft sich die Bälle untereinander zu. Der Fänger soll nun mit dem gefangenen Ball einen Spieler von Hell berühren, darf aber nur maximal drei Schritte dabei ausführen. Nach den drei Schritten muss der Ball zum nächsten Mitspieler geworfen werden, egal ob der Ball einen Gegenspieler berührt hat oder nicht. Die Gegenspieler, die vom Ball regelkonform berührt wurden, sind „verbrannt" und scheiden aus. Wie lange braucht Dunkel bis alle Hellen verbrannt sind?

Danach werden die Aufgaben getauscht. Welche Mannschaft war schneller?

Das Spiel sollte mehrmals wiederholt werden. Ist der Schwierigkeitsgrad zu hoch, dürfen mit gefangenem Ball auch 5 Schritte absolviert werden.

Dribbeln und Finten

Das gleiche Feld wird beibehalten. Jetzt bekommt jedes Kind einen Ball. Sie dribbeln frei im Feld. Kommt ihnen ein Spieler entgegen, sollen sie eine beliebige Finte ausführen. Nach zwei bis drei Minuten darf nur der „schwache" Fuß benutzt werden.

Danach erfolgt ein oder mehrere Abschlussspiele nach Wahl des Trainers oder der Trainerin.

27. Trainingseinheit

Tierpark / Zirkus / Tierjubel

Hier kommen wir zu einer Trainingseinheit, die besonders den Bambini enormen Spaß bereitet, und es werden praktisch keine Hilfsmittel benötigt. Nach der Austobphase und dem Gesprächskreis fängt die Sache erst einmal locker an.

Tierpark

Die Kleinen sollen sich erst einmal vorstellen, dass sie sich in einem Tierpark oder Zoo befinden. Der Trainer oder die Trainerin befindet sich jeweils in einem Käfig oder Gehege. Die Mannschaft steht davor, gleichmäßig verteilt, und jeder hat etwa zwei Meter Abstand zum seitlichen Partner, Vorder- oder Hintermann.

Der Trainer/in ist jetzt ein ausgedachtes Tier, bewegt sich dementsprechend und gibt dessen Laute ab. Die kleinen Kicker sollen dieses nun nachahmen.

Hier können "leichte" Tiere wie Affe oder Löwe gewählt werden, oder "schwierige" wie Nashorn, Pfau, Delphin usw. Jedes Tier wird etwa 20 bis 30 Sekunden imitiert, dann wird gedanklich zum nächsten Gehege, Schwimmbecken oder Käfig gewechselt.

Nach einigen Tieren wechselt der Trainer oder die Trainerin in die "Zuschauermenge" und ein Fußballer darf die Tierrolle übernhemen. Jedes Kind darf einmal, muss aber nicht, den Käfig übernehmen.

27. Trainingseinheit

Zirkus

Jetzt kommt der Ball ins Spiel. Die Tiere befinden sich nun in einem Zirkus, und sollen dem Publikum ihre Ballkünste demonstrieren. Jedes Kind denkt sich ein Tier aus, welches es in der Manege mit Ball vorführt. "Doppelrollen" sind natürlich erlaubt. Regen Sie hier die Phantasie der Kinder an, wie bestimmte Tiere einen Ball behandeln könnten. Die Kinder dürfen Einzeln auftreten oder in Gruppen. Beschränken Sie den Auftritt auf maximal 60 Sekunden.

Die Kinder sind also die Darsteller und Trainer und Betreuer die Zuschauer. Die kleinen Fußballer werden allerdings so viel Spaß haben, dass bereits ein Trainer oder eine Trainerin als Publikum ausreichend ist.

Tierjubel

Das Abschlussspiel erfolgt in einer besonderen Form. Jede Mannschaft ist eine Tiergruppe. Eine Mannschaft besteht beispielsweise nur aus Elefanten, die andere nur aus Affen. Bei einem Torerfolg sollen die Kleinen nun Jubeln wie die entsprechenden Tiere es tun würden.

28. Trainingseinheit

Gesprächskreis bilden

3 gegen 2

Es wird ein 15 x 20 Meter großes Feld markiert. An einer schmalen Seite werden zwei Stangentore von etwa 2 Metern Länge aufgebaut, die etwa 5 Meter voneinander entfernt stehen. Die andere schmale Seite wird als Dribbellinie deklariert. Nun bilden wir ein 2er- und ein 3er-Team.
Die Mannschaft in der Überzahl spielt auf die beiden Stangentore, die andere verteidigt die Stangentore und kontert nach Ballgewinn über die Dribbellinie. Der Ball muss über die Linie geführt und nicht geschossen werden. Nach einer Minute wird eine Pause von 30 Sekunden eingeräumt. Danach geht es mit Rollentausch weiter. Insgesamt wird die Übung vier- bis fünfmal wiederholt.

2 gegen 2 plus Torwart

Die Übung wird nun auf dem gleichen Feld wiederholt, allerdings spielt die Mannschaft in Überzahl mit einem festen Torwart, der allerdings nur ein Tor in der Mitte der Grundlinie zu verteidigen hat. Hier kann ruhig ein Tor von 5m Länge und 2m Höhe gewählt werden oder ein Stangentor von 5 Meter Breite.
Die Übung kann auch vier- bis fünfmal mit Rollentausch und kurzer Pause absolviert werden.

28. Trainingseinheit

Abschlussspiel

Nach einer weiteren Erholungsphase beginnt das Abschlussspiel. Wir denken daran, das dieses Abschlussspiel meistens mit kleinen Mannschaften absolviert werden soll (4 bis 5 Spieler pro Mannschaft), damit die Spieler möglichst viele Ballkontakte haben.

Da aber jetzt schon zwei kleine Fußballspiele absolviert worden sind, spielen wir nun nur mit zwei großen Mannschaften gegeneinander. Die Laufbelastung im anaeroben laktaziden Bereich (verbunden mit einer zu hohen und langen Übersäuerung) soll in dieser Trainingseinheit nicht übertrieben werden.

29. Trainingseinheit / Halle

Fußball- und Minigolfturnier am Trainingstag in der Halle

Wir haben es ausprobiert. Organisieren Sie an einem Trainingstag ein Fußballturnier kombiniert mit einem Minigolfturnier. Der Spaßfaktor ist hier bei den kleinen Fußballern riesig. Das Turnier wird mit Betreuern / Eltern geplant. Auch dieses Turnier soll möglichst wichtig und offiziell für die Kinder erscheinen. Deswegen wird das Turnier vorher angekündigt, und die jeweiligen Mannschaften werden vorher festgelegt. Am besten besteht das Turnier aus vier Mannschaften, damit die Spielpausen nicht zu lang sind. Es hat folglich immer nur eine Mannschaft Spielpause. Zwei Teams spielen gegeneinander Fußball, eine befindet sich im Minigolfparcour, die vierte sitzt auf der Bank.

Benötigte Materialien:

- eine zweigeteilte Halle (eine Hälfte für die Fußballspiele, die andere für den Minigolfbereich)
- mehrere Minigolfschäger und -bälle
 -zwei Handballtore
- mehrere Fußbälle (mindestens einen Ersatzball)
- jede Mannschaft besitzt ein eigenes Trikot
- Urkunden und Medaillen für die Siegerehrung
- ausreichend Getränke wie Wasser und Apfelsaftschorle
- mehrere Aufsichtspersonen, Betreuer und Schiedsrichter

29. Trainingseinheit / Halle

Der eigentliche Trainer oder Trainerin ist Oberschiedsrichter/in und hat die Hauptverantwortung für das gesamte Turnier.
Bei der Siegerehrung bekommt jedes Kind eine Urkunde und eine Medaille.

Ablauf: Im Fußballturnier spielt jede Mannschaft 2 x 5 Minuten gegen jede andere Mannschaft. Die Auswertung / Punkteverteilung erfolgt hier nach den normalen Regeln. Die Anzahl der Spieler richtet sich nach der Feldgröße. Können alle Spieler eingesetzt werden, ist das umso besser, da die Spielzeit relativ kurz ist.
Sollte ein Spieler ausfallen, haben die anderen Mannschaften halt einen Auswechselspieler (permanenter fliegender Wechsel).

Jede Mannschaft durchläuft einmal auch den Minigolfparcour. Es empfiehlt sich drei bis vier Bahnen aufzubauen. Natürlich „hauen" wir keine Minigolflöcher in den Hallenboden. Am Ende einer Bahn muss der Ball in einen bestimmten Sektor befördert werden. Hier kann es sich um einen umgekippten Eimer, eine abgegrenztes Quadrat durch Stäbe (eine Seite des Quadrats oder des Rechtecks ist natürlich offen, denn hier soll der Ball rein) oder eine große Matte auf der der Ball zur Ruhe kommen soll am Ende der Bahn. Auf jeder Bahn befinden sich Hindernisse wie Pylonen, Bänder oder kleine Matten usw. Bitte macht die Bahnen nicht zu schwer, jedes Kind hat nur sieben Schläge (auch mehr kann vereinbart werden), um den Ball ins Ziel zu bringen.

29. Trainingseinheit / Halle

Bewertung Minigolf:

Mannschaften mit den wenigsten Schlägen: 4 Punkte
Mannschaft auf Platz 2:   3 Punkte
Mannschaft auf Platz 3:   2 Punkte
Mannschaft auf Platz 4:   1 Punkte

Gesamtwertung: Punkte vom Fußballturnier und Minigolfwettbewerb werden addiert und dadurch die Gesamtplatzierung festgelegt.

Vor Beginn des Turniers hält der Trainer oder die Trainerin eine offizielle Ansprache und gibt den genauen Ablauf des Turniers bekannt.
An mehreren Stellen wird der genaue Zeitplan des Turniers und die Spielzeiten der Mannschaften angeschlagen. Eine Zeitreserve muss immer eingeplant werden, vor allem, weil die Dauer im Minigolfbereich nie genau einkalkuliert werden kann. Auch ein Informationstisch mit einem Elternteil, der über alles Auskunft geben kann, ist sinnvoll.

Nach der Ansprache bekommen die Teams genügend Zeit, sich vor Beginn des Turniers unter Aufsicht des Trainers oder der Trainerin aufzuwärmen.

Tipp: Nur die Mannschaft, die gerade im Minigolfbereich agiert, darf sich auch dort aufhalten (also natürlich mit Schiedsrichtern, die die Schlaganzahl notieren), damit keine Störungen oder „Parcourveränderungen, durch z.B. Umlaufen von Gegenständen, auftreten.

An dieser Stelle möchten wir noch einmal besonders die Wichtigkeit des Schusstrainings und die Ausbildung der Schusstechniken betonen. Die meisten Jugendlichen beherrschen in der Regel mehr oder weniger nur den Innenseit- und Innenspannstoß, weil beim Training auf die Ausbildung der anderen Techniken nicht geachtet wird. Zwar wird ein regelmäßiges Schusstraining absolviert, vielleicht noch mit dem linken und rechten Fuß, aber die Vorgabe einer Schusstechnik ist oft nicht gegeben. Dabei kann der Vollspannstoß fast überall angewendet werden, z.B. beim Abstoß, Abschlag, bei sehr vielen Kurz- oder Langpässen, Hebern, Flanken und Torschüssen. Allerdings ist die Technik sehr schwierig. Der Außenspannstoß ist auch eine anspruchsvolle Schusstechnik und wird nur von wenigen Spielern wirklich beherrscht. Er gewährleistet ein fast ansatzloses seitliches Zuspiel, auch aus höchster Laufgeschwindigkeit. Bei genügender Schusskraft und Zielgenauigkeit findet der Außenspannstoß auch Anwendung bei Ecken, Freistößen, Torschüssen. Weiterhin kann ein perfekter Außenspannstoß eine mangelnde Schusstechnik des schwächeren Beins fast komplett kompensieren. Jugendliche erreichen später oft die höheren Spielklassen nicht, weil sie zu wenig Schusstechniken beherrschen, und was in der Jugend versäumt wurde, kann der Erwachsene nicht mehr aufholen. Der Trainer hat nun die Aufgabe die Schusstechniken genauestens zu erklären und die Spieler die Aufgabe, die schwierigen Schusstechniken umzusetzen.
Der Trainer gibt also eindeutige Vorgaben, wie z.B. :
    - gerader oder schräger Anlauf und Abschluss mit dem

linken oder rechten Vollspann
- Anlauf von rechts in den Strafraum, vor dem Elfmeterpunkt wird mit dem rechten Außenspannstoß abgezogen
- das gleiche von links mit dem linken Außenspannstoß

Austobphase

Begrüßungsphase

Vorbereitende Übungen für den Vollspannstoß

- Die Kinder halten den Ball mit beiden Händen vor dem Körper. Sie sollen dann den Ball etwas hochwerfen und den Ball etwa in Kniehöhe mit dem Vollspann mit mittlerer Stärke treffen. Der Ball soll dabei möglichst gerade nach vorn fliegen (diese Übungen werden am besten vor einem großen Tor durchgeführt, damit die Laufwege zum Ball nicht zu lang werden). Es werden beide Füße abwechselnd trainiert.
- Diesmal soll der Ball mit dem Vollspann getroffen, senkrecht nach oben geschossen werden.
- Gleich Übung, aber jetzt stehen die Spieler 2 – 3 Meter vor dem Tor und sollen den Ball hoch ins Netz schießen.
- Gleiche Übung wird jetzt mit höchster Intensität trainiert.
- Gleiche Übung, aber jetzt soll der Ball in Dropkickform getroffen werden.
- Jetzt wird ein Strafstoßschießen mit Vollspann geübt,

abwechselnd mit links und rechts und auf zwei Tore, damit eine Übungshäufigkeit garantiert ist. Auch   wenn die Übungen mit dem schwachen Fuß   wirklich sehr „erbärmlich" aussehen, trainieren wir in   F- und E-Jugend beidfüßig.

> „Was Hänschen nicht lernt, lernt Hans nimmer mehr", lautet hier die Devise.

Diese Grundübungen oder andere, werden beim Training wiederholt eingesetzt, bis eine Grundtechnik vorhanden ist und dynamische Übungen sinnvoll eingesetzt werden können (für die nächsten Übungen Voraussetzung).

Dynamische Trainingsübung (hier mit Vollspann / siehe Abbildung auf der nächsten Seite)

Der erste Spieler mit Ball passt den Mittelfeldspieler an und läuft seinem Anspiel hinterher. Der Mittelfeldspieler spielt direkt zu dem Spieler an der Strafraumgrenze. Dieser lässt wieder abprallen, worauf der Mittelfeldspieler mit einem Torschuss abschließt. Die Entfernungen sollten der jeweiligen Schusskraft der Mannschaft angepasst sein!

166

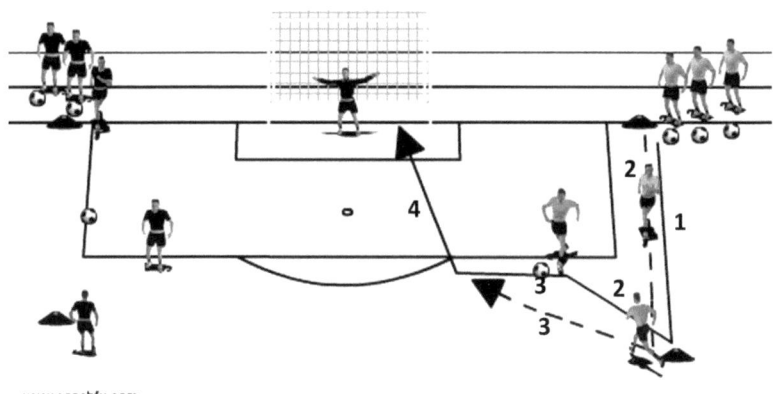

www.coachfx.com

# Trainerschein, Ja oder Nein

Trainerschein, ja oder nein

Die Herausforderungen an einen Fußballtrainer sind vielfältig, und keineswegs zu unterschätzen. Deutschland ist bei seiner Trainerausbildung wohl weltweit führend. Die Möglichkeit einen Trainerschein oder an verschiedenen Einstiegs- und Qualifizierungsmöglichkeiten mitzumachen, ermöglichen angehenden und bereits ausgebildeten Trainern zahlreiche Optionen der Aus- und Weiterbildung.

Aber wie genau läuft das mit dem Trainerschein? Welche Trainerlizenzen werden angeboten, welche Voraussetzungen sollten potentielle Anwärter mitbringen, und wie lange dauern die einzelnen Ausbildungen? Wann braucht man eigentlich keinen Trainerschein?

Alle Informationen darüber und über die einzelnen Trainerscheine inklusive Anforderungen werden jetzt im weiteren Verlauf genauestens beschrieben.

Warum sollte man überhaupt einen Trainerschein machen, und welche Privilegien haben lizensierte Trainer?

Die Trainerausbildung in Deutschland ist absolut vorbildlich und lohnenswert. Sie ist sehr anstrengend, vermittelt aber enormes Wissen, welches man während einer aktiven Spielerkarriere nicht mitbekommt. Angefangen von Didaktik, Kaderzusammenstellung, Trainingsplanung und taktischem Wissen bis hin zu Psychologie und Resilienz unterschiedlicher Altersgruppen. Ein Trainerschein verstärkt auch das Vertrauen in die eigenen Fähigkeiten. Diese Vorteile sind auch für die Spieler und dem Verein von großem Nutzen.

Das System der Lizenzverlängerungen sorgt außerdem für Anreize zur permanenten Weiterbildung.

Die Vereine bekommen auch finanzielle Vorteile. Sie können einen Antrag auf Förderung der Übungsarbeit stellen. Die Höhe des Zuschusses ist unter anderem von der Anzahl der Lizenzinhaber abhängig.

Welcher Trainer benötigt welchen Trainerschein?

Eine Trainerlizenz ist nicht unbedingt nötig, wenn man als Coach in den unteren Spielklassen Kinder-, Jugend- oder Seniorenmannschaften trainieren möchte. Aber auch hier ist eine Weiterbildung und der dementsprechende Erwerb einer Lizenz immer von einem großen Vorteil.

Wer jedoch höherklassige Mannschaften trainieren möchte, sollte auf jeden Fall eine Lizenz anstreben. Nun muss man abwägen, ob man sich ausschließlich im Breitenfußball "austoben" möchte oder auch daran denkt, Leistungsfußball zu trainieren. Jetzt gleich werden die einzelnen Lizenzstufen ausführlich erklärt. Hierbei wird auch auf die Einsatz- und Tätigkeitsbereiche eingegangen, die mit der jeweiligen Lizenz verknüpft sind.

Merke: Auch Kindertrainer und Kindertrainerinnen im Fußball profitieren enorm von Weiterbildungen und Trainerscheinen.

 # Trainerschein, Ja oder Nein

Welche Trainerscheine kann man machen?

Bei der Ausbildung zum Trainer differenziert der DFB zwischen Ausbildungen im Breitenfußball und im Leistungsfußball. Diese Ausbildungen sind voneinander unabhängig. Die Inhalte aller Ausbildungen werden in Lerneinheiten angegeben, eine Lerneinheit geht über 45 Minuten.
Zur Ausbildung im Breitenfußball zählt man die Lizenzvorstufen und die Trainer C-Lizenz (1. Lizenzstufe). Die Lizenzvorstufen sind nicht unbedingt Voraussetzung für die C-Lizenz.

Lizenzvorstufen (Teamleiter)

Zu den Lizenzvorstufen werden Teilnehmer ab dem 15. Lebensjahr zugelassen. Die Ausbildung der Lizenzvorstufen erfolgt in den jeweiligen Landesverbänden. Sie umfasst insgesamt 70 Lerneinheiten mit einer abschließenden Prüfung. Von den Lerneinheiten betreffen 30 Basiswissen und 40 sind profilspezifisch.
Hierbei gibt es seit dem 1. Januar 2015 den DFB Junior Coach auf der Ebene des Basiswissens und gibt es sechs Teamleiter-Profile:
Kinder, Jugend, Erwachsene, Freizeit- und Gesundheitssport und Torhüter.

Die Ausbildungsziele der Lizenzvorstufen sind die Personalentwicklung und die Unterstützung und Förderung von ehrenamtlicher Mitarbeit von Jugendlichen und Erwachsenen.

 # Trainerschein, Ja oder Nein

Die Lizenzvorstufen wurden entwickelt für Trainer von Bambini bis A-Junioren-Mannschaften und Seniorenmannschaften im unteren Amateurbereich (Kreisliga) inklusive Altherren-Mannschaften über 35 Jahren.

Die Trainer C-Lizenz

Für die Trainer C-Lizenz benötigt man schon einiges an Dokumenten und Voraussetzungen. Hierzu gehören ein tabellarischer Lebenslauf, der auch den sportlichen Werdegang dokumentiert, der Nachweis über die Mitgliedschaft in einem Verein, der einem Mitgliederverband des DFB angehört, ein ärztliches Tauglichkeits-Zeugnis (nicht älter als drei Monate), ein erweitertes Führungszeugnis im Original (auch höchstens drei Monate alt) und einer Erklärung, in der sich der Bewerber der Ausbildungsordnung und den Ordnungen und Satzungen des Deutschen Fußball Bundes und des zuständigen Landesverbandes anpasst.
Auch ist die Vollendung des 16. Lebensjahres Pflicht, und eine Teilnahme an einer 9-stündigen Erste-Hilfe-Grundausbildung

Ausbildung zum Trainer mit C-Lizenz absolviert man meistens bei den Landesverbänden direkt und dauert ca. 12-15 Tage. Hierbei handelt es sich um 120 Lerneinheiten inklusive Prüfung, dazu zählen 30 Lerneinheiten Basiswissen und 2×40 Lerneinheiten mit profilspezifischen Lerninhalten.

 # Trainerschein, Ja oder Nein

Auch hier stehen 6 Profile zur Auswahl:

Kinder und Jugend

Kinder und Erwachsene (unterer Amateurbereich)

Jugend und Erwachsene (unterer Amateurbereich)

Jugend und Torhüter

Torhüter und Erwachsene (unterer Amateurbereich)

Freizeit- und Gesundheitssport

Die Trainer C-Lizenz erlaubt das Training aller Mannschaften auf Kreisebene.

Die Trainer C-Lizenz kostet neben der Lehrgangsgebühr (inkl. Prüfungsgebühr) plus Ausgaben für Kost & Logis, Reisekosten usw. etwa 300 Euro.

 # Trainerschein, Ja oder Nein

Der Torwarttrainer

Für die Torwarttrainer-Ausbildung müssen folgende Dokumente eingereicht werden:

Tabellarischer Lebenslauf inkl. sportlichem Werdegang

Nachweis über aktive Spielzeit in einem Nationalverband der FIFA

Ärztliches Tauglichkeitszeugnis (Original, höchstens drei Monate alt)

Erweitertes Führungszeugnis (Original, höchstens drei Monate alt)

Weiterhin benötigt der Bewerber entweder eine gültige B-Lizenz oder eine gültige C-Lizenz mit dem Profil Torwart oder dem Basislehrgang Torwarttrainer. Auch eine aktive Trainertätigkeit muss nachgewiesen werden.

Die Ausbildung zum Torwarttrainer umfasst insgesamt 40 Lerneinheiten und dauert etwa 6 bis 7 Tage.

Der Torwarttrainer-Leistungskurs erlaubt das Training in Junioren- und Amateurmannschaften, den DFB-Stützpunkten und Leistungszentren und zum Honorartrainer in den Landesverbänden.
Für die Ausbildung muss man etwa 600 Euro investieren.

# Trainerschein, Ja oder Nein

Trainer B-Lizenz

Die Trainer B-Lizenz bezieht sich bereits auf den Leistungsfußball.

Für die B-Lizenz gelten neben den jeweiligen lizenzspezifischen Voraussetzungen auch allgemeine Voraussetzungen für die Bewerbung bzw. Zulassung zur Ausbildung:

Der tabellarische Lebenslauf inkl. Dokumentation des sportlichen Werdegangs, der Nachweis über die Mitgliedschaft in einem Verein (DFB), sowie der Nachweis, dass der Bewerber oder die Bewerberin in einem Verein Fußball gespielt hat, der zu einem der FIFA angehörigen Nationalverband gehört, ein ärztliches Tauglichkeits-Zeugnis und ein erweitertes Führungszeugnis (beide Dokumente im Original und nicht älter als 3 Monate) und eine Erklärung, in welcher sich der Bewerber oder die Bewerberin der gültigen Ausbildungsordnung und den Ordnungen und Satzungen des Deutschen Fußball Bundes und des zuständigen Landesverbandes anpasst.

Auch ist die Vollendung des 16. Lebensjahres Pflicht, sowie eine Teilnahme an einer 9-stündigen Erste-Hilfe-Grundausbildung. Auch besteht eine bundeseinheitlich verpflichtende Eignungsprüfung, die erfolgreich absolviert werden muss.

Die Ausbildung zum Trainer mit B-Lizenz erfolgt bei den Landesverbänden direkt und dauert etwa 15 Tage. Sie besteht aus 120 Lerneinheiten, zuzüglich 20 Lerneinheiten für die Prüfung.

 # Trainerschein, Ja oder Nein

80 Lerneinheiten entfallen auf Basiswissen, 40 Lerneinheiten auf die Profilbildung.

Das Basiswissen vermittelt in Theorie und Praxis Wissen zu den Themen:

Technik-, Taktik- und Konditionstraining

Planung des Trainings

Aufgaben des Trainers

Juniorentraining

Mit der Trainer B-Lizenz kann man schon einiges trainieren. Sie berechtigt zum Training aller Junioren- und Juniorinnen-Teams unterhalb der Bundesliga, aller Frauen-Mannschaften unterhalb der 2. Bundesliga und aller Amateur-Mannschaften einschließlich der 5. Spielklasse.

Für die Ausbildung Trainer B-Lizenz kann man etwa 650 Euro veranschlagen, plus Ausgaben für Verpflegung und Reisekosten.

 # Trainerschein, Ja oder Nein

DFB-Elite-Jugend-Lizenz

Neben den allgemeinen Voraussetzungen, wie sie auch für die B-Lizenz gültig sind, gelten für die DFB-Elite-Jugend-Lizenz auch noch folgende spezielle Voraussetzungen:

Eine gültige Trainer-B-Lizenz

Mindestens 10 Punkte in der B-Lizenz-Gesamtnote (bzw. 9 Punkte, wenn B-Lizenz vor 2013 absolviert wurde)

Aktive Mitarbeit in einem DFB-Stützpunkt (mind. 20 Trainingseinheiten bzw. 10 Trainingsabende)

Wenigstens 1 Jahr Tätigkeit als Trainer mit B-Lizenz

Die Ausbildung erfolgt durch den DFB in unterschiedlichen Sportschulen, sie geht über 2 mal 1Woche Lehrgang plus 3 Tage für die Prüfung. Sie umfasst insgesamt 160 LE, davon gehen 80 LE auf die Ausbildung, jeweils 20 LE auf Hausarbeit und Prüfung und 40 LE auf Hospitationen.
Ausbildungsziel besteht darin, den Teilnehmern das Steuern technisch-taktischer Lernprozesse, die Betreuung von Junioren auch außerhalb des Fußballs und vertiefende Kenntnisse über leistungsorientiertes Juniorentraining mitzugeben.
Die Schwerpunkte der Ausbildung sind Technik- und Taktiktraining, Wissen über Talentförderung im DFB, Wettspiele im Juniorenbereich und Junioren-Konditionstraining.

 # Trainerschein, Ja oder Nein

Die DFB-Elite-Jugend-Lizenz gibt die Berechtigung zum Training aller Junioren-Mannschaften, mit Ausnahme der A- und B-Junioren Bundesliga, aller Juniorinnen-Mannschaften und aller Frauen-Mannschaften unterhalb der 2. Frauen-Bundesliga.

Weiterhin ist sie die Voraussetzung für eine Tätigkeit als DFB-Stützpunkttrainer, Mitarbeiter in einem Nachwuchs-Leistungszentrum oder an einer DFB-Eliteschule.

Die Kosten der DFB-Elite-Jugend-Lizenz sind relativ hoch. Die Lehrgangsgebühren liegen bei 650 Euro inkl. Prüfungsgebühr, insgesamt sollte man aber mit etwa 1300 Euro (Unterbrungung und Verpflegung) rechnen. Dazu kommen noch die Reisekosten.

 # Trainerschein, Ja oder Nein

Trainer A-Lizenz

Für die Bewerbung zur Trainer A-Lizenz müssen folgende Bedingungen erfüllt sein:

Eine gültige DFB-Elite-Jugend-Lizenz, absolviert mit einer Gesamtnote von mindestens 9 Punkten

Mindestens 1 Jahr Tätigkeit als Trainer mit DFB-Elite-Jugend-Lizenz

Ärztliches Tauglichkeitszeugnis und ein erweitertes Führungszeugnis (beide Dokumente im Original und nicht älter als drei Monate)

Aktueller tabellarischer Lebenslauf

Die Ausbildung erfolgt natürlich durch den DFB, die Dauer beträgt 3 mal 1 Woche inklusive Prüfung. Sie umfasst insgesamt 120 Lerneinheiten inklusive Prüfung.
Dazu kommt vor der Ausbildung eine A-Lizenz Eignungsprüfung, welche Inhalte aus der DFB-Elite-Jugend-Lizenzausbildung wiederholt.
Die A-Lizenz Ausbildung hat den Zweckl, die Teilnehmer auf die Traineraufgaben im höheren Amateurbereich und der Regionalliga vorzubereiten. Als zusätzliches Ziel gilt die eigenständige Erarbeitung von mannschaftstaktischen Konzepten sowie die Herausbildung von Kompetenzen für die vielfältigen Aufgabenfelder im Leistungsfußball.

inhaltlich beschäftigt sich die Trainer A-Lizenz unter anderem mit Taktik- und Konditionstraining im Leistungsfußball, Mannschaftstaktik, Coaching rund ums Spiel und Fachwissen wie Regeneration oder Ernährung.

Die Trainer A-Lizenz berechtigt zum Training aller Männermannschaften unterhalb der 3. Spielklasse und aller Frauen- und Juniorenmannschaften.

Die Kosten für die A-Lizenz Eignungsprüfung beträgt etwa 153 Euro, die Kosten für die Ausbildung an der Sportschule Hennef bei 1642 Euro (Lehrgangs- und Prüfungsgebühr, Unterkunft, Verpflegung).

 # Trainerschein, Ja oder Nein

Fußball-Lehrer

Die Königsdisziplin in der Trainer-Ausbildung, die letzte Stufe, die Ausbildung zum Fußball-Lehrer, berechtigt zum Training aller Mannschaften.

Voraussetzungen einer Bewerbung:

Neben dem aktuellen Bewerbungsformular einem Vordruck mit Angaben zur spielerischen und trainerischen Laufbahn gehören ein tabellarischer Lebenslauf, das Schulzeugnis (mindestens Mittlere Reife), ein ärztliches Gesundheitszeugnis und ein polizeiliches Führungszeugnis, drei Passbilder und ein gültiger Trainer A-Lizenz-Ausweis des DFB zur Bewerbung. Der Bewerber muss mindestens ein Jahr als A-Lizenz Trainer aktive Trainertätigkeit tätig gewesen sein oder einer Juniorenmannschaft (A- oder B) in den Bundesligen, einer Frauen-Bundesliga-Mannschaft (1. oder 2.) oder ein Jahr als leitender Koordinator eines DFB-Stützpunktes (in Vollzeit).

Bewerbungsschluss ist etwa der 15.01. eines jeden Jahres.

Nach Abgabe der vollständigen Bewerbung muss noch die erfolgreiche Teilnahme an der Eignungsprüfung absolviert werden, bevor einem ein Platz im Fußball-Lehrer-Lehrgang zugeteilt wird. Diese besteht aus einer Praxis-Lehrprobe, eine mündliche Prüfung und einem schriftlichen Test.
Pro Lehrgang werden nur 24 Teilnehmer angenommen.

 # Trainerschein, Ja oder Nein

Die Ausbildung erfolgt durch die Zusammenarbeit des DFB und der Deutschen Sporthochschule Köln. Sie dauert insgesamt 44 Wochen (10 Monate). Dabei werden sowohl Unterrichtsblöcke in der Hennes-Weisweiler-Akademie in Hennef und Praxisphasen, welche in Vereinen der Bundesliga und den Landesverbänden stattfinden, durchgeführt. In der Unterrichtswoche gibt es etwa 40 Unterrichtsstunden. Themengebiete der Ausbildung sind überwiegend Fußball-Lehre, Trainingswissenschaft, Psychologie und weitere wichtige Spezialgebiete.

Absolventen des Fußball-Lehrer-Lehrgangs zielen auf hauptamtliche Stellen als Profimannschaft-Trainer der Lizenzligen, Verbandssportlehrer und Führungskräfte in Nachwuchsleistungszentren ab.

Die Lehrgangsgebühren liegen bei etwa 9000 €, dazu kommen weitere Kosten für Verpflegung und Reise

Aber es darf niemals vergessen werden, dass alle Lizenzen nach Erhalt nur für drei Jahre gültig sind. Bereits in dieser Zeit muss man sich um die Verlängerung kümmern.

Um die jeweilige Lizenz zu verlängern, muss fristgerecht ein Antrag auf Verlängerung gestellt werden. Fristgerecht heißt im letzten halben Jahr der Gültigkeitsdauer. Weiterhin muss bereits während der drei Jahren an Fortbildungsveranstaltungen im Umfang von 20 Lerneinheiten teilgenommen werden. Erst dann kann der Antrag erfolgreich gestellt werden. Die Lizenz wird wiederum nur um drei Jahre verlängert. Die Lehrgangsgebühren für die Verlängerungen der Lizenzen liegen bei 150 €, plus Kosten für Unterkunft und Verpflegung und 40 € Bearbeitungsgebühr.

 # Die wichtigsten Tipps

Die wichtigsten Tipps für den perfekten Coach

Nachdem wir die Frage geklärt haben, welchen Trainerschein der jeweilige Coach braucht oder wer notfalls auch ohne Trainerschein arbeiten kann, kommen wir nun zum wichtigsten Teil, den ein Trainer oder Trainerin unbedingt einhalten muss. Nur so kann man ein perfekter, beliebter und erfolgreicher Coach werden.

Die Tipps und Ratschläge, die nun folgen, nehmen an Wichtigkeit zu. Banale, meist selbstverständliche Dinge werden zuerst beschrieben, danach folgen immer mehr komplexere Sachverhalte, die ein guter Coach beachten sollte.

Dieses Kapitel hier sollten Sie mehrmals lesen, damit auch kein "Punkt" vergessen wird.

Einfache, aber wichtige Regeln

° Die Manschaft, der Verein und der Vorstand wird nach "Außen" immer positiv dargestellt, alles andere bringt nur unnötige Unruhe. Besonders für die Spieler bleibt der Vorstand unantastbar. Der Ansprechpartner für die Spieler sind ausschließlich der Trainerstab und die Betreuer. Alle Probleme, die der Trainerstab mit dem Vorstand hat oder bespricht, werden vollkommen diskret behandelt.

° Der Trainer/in muss seinem Co-Trainer und Betreuern höchsten Respekt zukommen lassen, denn ohne diese geht gar nichts. Allerdings muss der Coach auch immer zeigen, dass er der Chef ist, und die Verantwortung für die Spieler und Spielergebnisse zu tragen hat.

 **Die wichtigsten Tipps**

° Der Trainer oder die Trainerin stellt sich nicht in den Vordergrund, hält keine langen Reden, sondern gibt präzise Anweisungen. Diese sollten aber auf keinen Fall „militärisch" oder „diktatorisch" klingen.
Fehler müssen offen eingestanden werden, sonst geht mit der Zeit ein Teil des Respekts verloren. Sollten Sie einen Spieler benachteiligt, beleidigt oder bloßgestellt haben, entschuldigen Sie sich dafür. Der betreffende Spieler wird danach noch mehr Respekt vor ihnen haben.

° Ordentliche Erscheinung: der Trainer oder die Trainerin repräsentiert seinen Verein, seine Mannschaft, seine Familie. Gepflegte Kleidung und Körperpflege sollten selbstverständlich sein.

° Sind Sie Raucher, rauchen Sie bitte nur zu Hause, wenn es wirklich sein muss. Hier besteht absolute Vorbildfunktion. Weiterhin verlieren Sie an Respekt, wenn Sie vor Zuschauern, Mannschaft und Vorstand rauchen. Ich persönlich habe einmal als Jugendspieler erlebt, wie ein Trainer der gegnerischen Mannschaft am Spielfeldrand rauchte und nach dem Spiel ein Bier mit einem „Kurzen" trank. In meinem jugendlichen Alter wirkte dies wie ein kleiner Schock.

°Jedes Training bedarf einer guten Vorbereitung. Ein Rahmentrainingsplan für die ganze Saison sollte vorliegen wie Saisonvorbereitung, technische und taktische Periodisierung. Arbeiten Sie oft mit Stationentraining (ab F-Jugend). Hier können Stärken einzelner Spieler perfektioniert werden (z.B. Eckstöße und Freistöße), Schwächen anderer beseitigt

werden wie konditionelle Probleme oder technische Schwächen bei der Ballannahme.

° Der Trainer bleibt innerlich relativ ruhig bei „schlechtem" Spiel, zeigt aber Freude bei positiven Ereignissen. Fluchen sollte unterbunden werden. Einzelne Spieler werden nicht angeschrien. Baut ein Spieler „Bockmist" oder wird „getunnelt", nimmt der Trainer unmittelbar danach besser keinen Augenkontakt mit dem Spieler auf. Der Spieler fühlt sich dadurch noch mehr gedemütigt (Studie aus dem psychologischen Fachbereich).

° Siege werden immer der Mannschaft zugeschrieben, Verantwortung für Niederlagen vom Trainer/in übernommen. Außer die gegnerische Mannschaft war von der Spielanlage weit überlegen, hier lag es dann einfach am Gegner.

° Der Trainer oder die Trainerin schenkt der Mannschaft sein ganzes Vertrauen. Nur so kann Erfolg erzielt werden.

° Leidenschaft für den Fußball, den Verein und die Mannschaft muss vorhanden sein. Wer sein Training monoton und gelangweilt „runterspult" (und dafür auch noch Geld bekommt), hat seinen Job verfehlt, die Mannschaft wird nicht erfolgreich sein.

° Mit der Zeit sollte man seine Spieler kennen wie spielerische Fähigkeiten und Charakterzüge.

Die wichtigsten Tipps

° Die Trainerin oder der Trainer betont immer wieder, dass alle Beteiligten an einem Fußballspiel höchsten Respekt vor den Schiedsrichtern haben müssen. Alle Beteiligten beinhaltet Spieler, Trainer, Betreuer, Zuschauer usw.

Die Schiedsrichter sind unantastbar, und auch Fehlentscheidungen müssen akzeptiert werden. Beleidigungen oder sogar Tätlichkeiten gegenüber den Schiedsrichtern ist vollkommen inakzeptabel.

Die Referees werden es Ihnen als Trainer/in danken, wenn Sie mit ihrer Mannschaft absolut diszipliniert sind, und schnell werden Sie in den Schiedsrichterkreisen als faire Mannschaft bekannt.

Glauben Sie mir aus Erfahrung, das bringt manchmal erhebliche Vorteile. Aus verständlichen Gründen, gehe ich darauf nicht näher ein. Jeder soll sich seinen Teil denken.

Ein Trainer sollte niemals die Schuld für Niederlagen bei den Schiedsrichtern suchen und dies auch noch den Spielern vermitteln.

Im schlimmsten Fall wird der Referee noch während des Spiels vom Coach verbal und aggressiv angegangen. Dies überträgt sich negativ auf die eigene Mannschaft und die unnötige Kritik gegen den Schiedsrichter kann zu einem Bumerang werden. Der Referee pfeift vielleicht unbewusst oder emotional gegen die betreffende Mannschaft. Dies ist wohl häufig in unteren Spielklassen der Fall. Überlegen Sie mal, hier sind Schiedsrichter häufig unsicher und haben wenig Erfahrung, versetzen Sie sich in deren Position. Also, der Schiedsrichter sollte unantastbar bleiben.

Der Trainer hat hat eine Vorbildfunktion für die Spieler und sogar für die Zuschauer. Wenn der Coach die Schiedsrichter

negativ kritisiert, färbt das auf Spieler und Zuschauer ab. Schnell beginnen diese auch mit verbalen Angriffen gegen den Referee, die Situation schaukelt sich hoch. Im Extremfall kommt es zu Tätlichkeiten unter den Spielern, Zuschauern oder sogar gegen den Schiedsrichter. Spielabbruch ist die Folge.

Hat der Schiedsrichter gepfiffen und eine Entscheidung gefällt, bleibt der Trainer oder die Trainerin immer ganz ruhig und die eigene Mannschaft auch. Dieses Verhalten spricht sich rum, und wird der Grund für den einen oder anderen Punkt mehr am Saisonende sein.

Aber gehen wir noch einen Schritt weiter, loben Sie den Referee für gute Leistungen und Entscheidungen. Wie jeder Mensch freut sich auch dieser über Lob und Anerkennung. Dies ist aber nur ein Teil vom Fairplay. Spieler, Trainer und Zuschauer sind nicht nur fair zum Schiedsrichter.

Ein guter Trainer sorgt auch dafür, dass seine Spieler immer fair gegenüber der gegnerischen Mannschaft sind. Das Motto lautet, wir wollen keine Karten bekommen, nicht foulen, nicht auf Zeit spielen, nicht meckern usw.

Auch dieses spricht sich mit der Zeit bei Schiedsrichtern, Vereinen und Zuschauern herum. Trainer und Mannschaft sind überall gerne gesehen, auch in der Leistung macht sich das langfristig bemerkbar. Schnell werden andere Vereine auf diesen besonnenen Trainer oder Trainerin aufmerksam und ein höher spielender Verein "klingelt" an der Tür.

Jetzt wird Ihnen bewusst, dass der Trainer die Schlüsselfigur zwischen Erfolg und Misserfolg ist. Eine notwendige Spielerqualität ist natürlich immer die Basis.

Die wichtigsten Tipps

° Doch kommen wir zu einem weiteren "Geheimtipp". Die meisten Trainer und Trainerinnen sind überwiegend auf das Spielergebnis fixiert. Auch im Alltag konzentrieren sich viele Menschen nur auf das Ergebnis einer Handlung, Prüfung, Situation usw. Dann wundern sich viele Menschen, warum langfristiger Erfolg ausbleibt. Nehmen wir zunächst ein Beispiel aus dem Alltag. Ein junger Mann hat die Führerscheinprüfung. Der Fahrlehrer hat ihn nach nur 20 Fahrstunden angemeldet, noch nie hatte er so einen guten Fahrer. Er wird wohl mit Sicherheit die Prüfung bestehen. Doch der Prüfer mag diesen jungen Mann nicht, und sucht nur einen Grund, damit er diesen durchfallen lassen kann. Es kommt, wie es kommen muss, der junge Mann besteht die Prüfung nicht. Und jetzt kommen wir zu den Menschen, die nur ergebnisorientiert sind: "Ach, der kann doch nicht fahren, hab vorher schon gewusst, dass der durchfällt."

Im schlechtesten Fall schimpft der Vater noch mit dem Prüfling:"Kannst du eigentlich gar nichts."

So schnell kann man das Selbstvertrauen eines Menschen zerstören. Sie sehen nur das Ergebnis, und nicht das Können eines Menschen. Das Gleiche ist es bei "Reich und Arm". Viele Menschen sehen nur das Materielle bei anderen Leuten, aber nicht wie sie dahin gekommen sind.

Doch kommen wir zum Fußball zurück. Ist ein Trainer oder eine Trainerin nur ergebnisorientiert, stellt sich vielleicht kurzfristig Erfolg ein, aber auf lange Sicht wird dieser vergehen. Eine Mannschaft, die 1:0, 2:1 oder 3:2 verliert, obwohl sie viel besser war und viel mehr Chancen hatte, verdient trotzdem höchsten Lob. Wenn eine Mannschaft viele Aluminiumtreffer hatte, aber der Ball einfach nicht reingeht, dann ist das

einfach Pech. Loben Sie die Mannschaft bei guten Spielen unabhängig vom Ergebnis. Nehmen Sie die Verantwortung bei Niederlagen, trotz guter Spiele, auf sich.

"Ach, war mein Fehler, wir müssen im Training mehr an Angriffen und Chancenverwertung arbeiten."

So wird eine Mannschaft moralisch aufgebaut.

Wenn Trainer ergebnisorientiert sind, vernachlässigen sie auch oft die Ersatzspieler, und stellen immer die besten Spieler auf. Auch hier stellt sich vielleicht kurzfristig Erfolg ein.

Aber irgendwann braucht man die Ersatzspieler, nur diese sind dann nicht mehr motiviert, haben keine Spielpraxis oder schon den Verein verlassen.

Setzen Sie jeden Spieler so oft wie möglich ein. Ist ein Spiel entschieden, lassen Sie die Reservespieler rein, bei Freundschaftsspielen absolvieren diese ganze Spiele.

Und dann noch ein ganz wichtiger Aspekt, arbeiten Sie an den Schwächen der Ergänzungsspieler mittels Stationentraining. Ist ein Spieler konditionell nicht so gut, trainiert dieser überwiegend an Stationen mit Laufarbeit; fehlt die Passgenauigkeit, werden diese Stationen für den Spieler im Training intensiviert; ist ein Spieler nicht schnell genug, bekommt er ein intensives Sprinter ABC, Sprint- und Sprungkrafttraining usw.

Die Ersatzspieler merken, dass Sie Ihnen wiichtig sind, und werden voll motiviert bleiben.

Die wichtigsten Tipps

° Manche Trainer oder Trainerinnen brüllen am Spielfeldrand. Dies sollte man unterlassen. Wir haben schon genügend Zuschauer oder Eltern, die Spieler oder Schiedsrichter anschreien. Ein Coach darf seine Spieler nicht bloßstellen mit lautstarker und dummer Kritik wie, "den musst du doch machen" oder "das kann meine Oma ja besser" usw.

Bei guten Aktionen aber loben Sie ihre Spieler laut, so können Sie das Selbstvertrauen und die Mannschaft stärken.

Der Coach muss Schwächen der Mannschaft oder eines einzelnen Spielers in Stärken verwandeln (ab F-Jugend). Aber wie geht das.

Ich gebe Ihnen hier einige Beispiele. Kein Spieler kann eine vernünftige Ecke hereinbringen. Sie haben aber einen dribbelstarken Fußballer oder einen extrem schnellen Spieler. Trainieren Sie doch mit diesen die kurz ausgeführten Eckstöße mit allen Varianten bis zur Perfektion. Und schon ist die Sache erledigt.

Oder die Mannchaft besitzt einen lauffaulen Supertechniker, der jederzeit ein Spiel entscheiden kann. Würde er mehr laufen, wäre er noch effektiver. Reden Sie mit dem Spieler, dass dieser bei seinen gewöhnlichen Laufpausen, wenigstens in einem minimalen Laufschritt bleibt. Erklären Sie ihm, dass die kurzfristige Regeneration jetzt viel höher ist, und er aus einem Laufschritt viel schneller in einen Sprint wechseln kann.

Oder besitzen Sie viele schnelle Spieler, dann trainieren Sie mit dem Team häufiger Konter (ab D-Jugend), bis damit Spiele auch gegen stärkere Mannschaften entschieden werden können usw.

Die folgenden Übungen können baukastenförmig zu kompletten Trainingseinheiten zusammengestellt werden. Die Übungen müssen dem Alter und dem Leistungsstand entsprechend aus dem folgenden Repertoire ausgewählt werden.

Übungen, die einen hohen Leistungsstand erforderlich machen, werden entsprechend gekennzeichnet.

Der größte Teil der Übungen einer Trainingseinheit sollte in kleinen Gruppen erfolgen und mit möglichst vielen Ballkontakten verbunden sein. D.h., die relativ statischen und technischen Übungen, die hier zum Teil auch vorliegen und nachfolgend beschrieben werden, sollten nur einen kleinen Teil jeder Trainingseinheit ausmachen. Die folgenden Übungen und Wettkampfspiele in kleinen Gruppen bestimmen somit den größeren Teil einer Trainingseinheit.

 # Stationen für F- bis D-Junioren

Bereits in der F-Jugend kann durchaus ein Stationentraining eingesetzt werden.

Die Übungen sollten leicht verständlich sein und kurz und präzise erklärt werden. Der Übungsaufbau darf nicht viel Zeit in Anspruch nehmen und die Kinder nicht langweilen oder nerven.

Am Besten ist es, der Trainer baut die Stationen schon vor dem Training auf, bei den meisten Übungen sollten sowieso nur Bälle eingebaut werden.

Die Übungsdauer an den jeweiligen Stationen wird auf maximal 5 Minuten begrenzt.

Hier geben wir Beispiele für mögliche Übungen im Stationentraining, möchten aber betonen, dass man hier der Phantasie freien Lauf lassen kann.

Die hier vorgestellten Übungen wurden von uns noch nicht alle im Training eingebaut, aber grundsätzlich hat sich das Stationentraining in der F-Jugend bewährt und den technischen Leistungsanstieg tatsächlich beschleunigt.

Mögliche Übungen im Stationentraining

(3 – 4 Personen pro Übung, der Trainer sorgt bei einigen Übungen dafür, dass die jeweiligen Positionen in den Übungen rechtzeitig gewechselt werden).

° Ein Spieler wirft den Ball aus kurzer Entfernung zu, der andere soll den Ball mit der Seite oder dem Spann zurückspielen, abwechselnd links und rechts. Der Ball sollte

maximal in Kniehöhe zugeworfen werden.

° In einem abgesteckten Feld spielen sich die Kinder die Bälle flach und direkt zu und müssen dabei abwechselnd den linken und rechten Fuß einsetzen. Der Pass erfolgt mit der Innenseite und wird relativ hart und präzise geschossen. Der Abstand der Spieler beträgt 5 – 10 Meter.

° Es erfolgt ein Einwurfwettbewerb auf Weite oder Genauigkeit. Ein Kind wirft auf Weite oder in ein kleines abgestecktes Feld. Die anderen markieren die erzielte Weite mit einer Pylone und stoppen den Ball. Bei einem Wettbewerb auf Genauigkeit bekommt der jeweilige Spieler einen Punkt, wenn er in das abgesteckte Feld trifft. Derjenige mit den meisten Punkten oder der größten Weite hat bei dem nächsten Stationenwechsel gewonnen. Der Trainer achtet hin und wieder auf die korrekte Ausführung des Einwurfs (die Unterstützung von Betreuern in einem Stationentraing ist in der F-Jugend von großem Nutzen).

° An dieser Station wird ein Elfmeterwettkampf durchgeführt. Am Besten steht ein kleines Tor etwas vor dem großen Tor. Verschossene Bälle landen so meistens im großen Tor und die Laufwege sind verkürzt.
Ein Spieler steht im Tor, zwei oder drei Spieler beginnen mit dem Elfmeterschießen. Begonnen wird aus einer Entfernung von sieben Metern. Der Schütze, der verschossen hat, tauscht mit dem Torwart. Bei der Verwandlung eines Elfmeters schießt der nächste Schütze aus acht Metern, wird dieser verwandelt, geht es wieder ein Meter zurück usw. Wird ein Elfmeter gehalten, wird er um einen Meter vorverlegt, aber

192

nicht näher als sieben Meter.

° Hier werden Torschuss- und Freistoßübungen in allen möglichen Variationen in der kleinen Gruppe trainiert, wie z.B. mit Doppelpass oder Dribbeln durch Fahnenstangen vor dem Torschuss und auch Direktabnahmen nach einer kurzen Ecke. Hierbei kann ohne Torwart oder mit einem festen Torwart trainiert werden.

° Die Spieler schießen sich den Ball hoch zu und stehen dabei mit dem größtmöglichen Abstand zueinander. Das angespielte Kind soll den Ball sicher stoppen und zum nächsten Spieler passen.

Diagonalpass und Steilpass (frühestens ab E-Jugend)

Übungsaufbau und Ablauf: siehe Grafik

Ein Spieler (dunkel) spielt ständig einen Diagonalpass, der andere einen Steilpass (hell). Diese Übung eignet sich sehr gut für die Schulung beidfüßiger Schüsse, da abwechselnd immer mit rechts und links gepasst werden muss. Nach einiger Zeit werden die Aufgaben gewechselt.

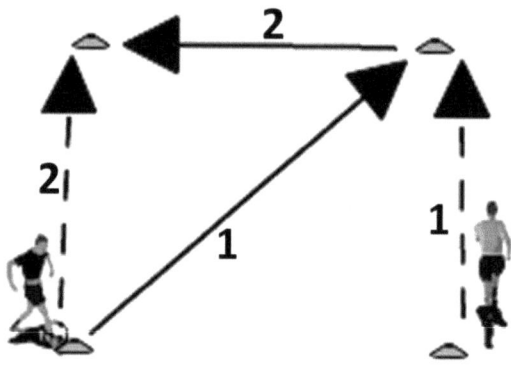

3 gegen 1

Übungsaufbau und Ablauf: siehe Grafik

Unsere Praxisarbeit hat gezeigt, dass diese Übung spätestens im zweiten Jahr der F-Jugend praktiziert werden kann.

Weitere Übungen

Die Übung bildet den ersten Schritt in Richtung Dreiecksbildung und sollte so häufig wie möglich praktiziert werden.

Es wird ein Viereck mit Hütchen abgesteckt. 3 Spieler besetzen jeweils ein Hütchen und sind im Ballbesitz. Der eine Gegenspieler versucht in Ballbesitz zu kommen. Hier reicht bereits die Berührung des Balles, um mit einem Spieler die Aufgabe zu tauschen.

Es sollte vermieden werden durch die Mitte zu spielen. Die Spieler müssen so verschieben, dass der Spieler im Ballbesitz immer zu beiden Seiten hin eine Anspielstation hat. Öfter die Aufgaben tauschen!

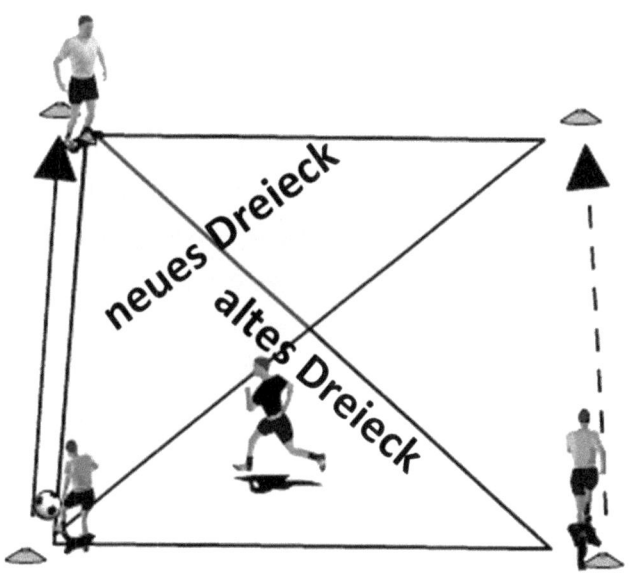

www.coachfx.com

195

Weitere Übungen

1 gegen 1 und 2 gegen 2

Übungsaufbau und Ablauf: siehe Grafik

2 Teams bilden, die sich jeweils neben dem Tor aufstellen. Jeder Spieler erhält eine Nummer.

Der Trainer ruft eine oder 2 Nummern auf und wirft einen Ball ins Spielfeld.

Die aufgerufenen Spieler starten ins Spielfeld, und versuchen ein Tor zu erzielen.

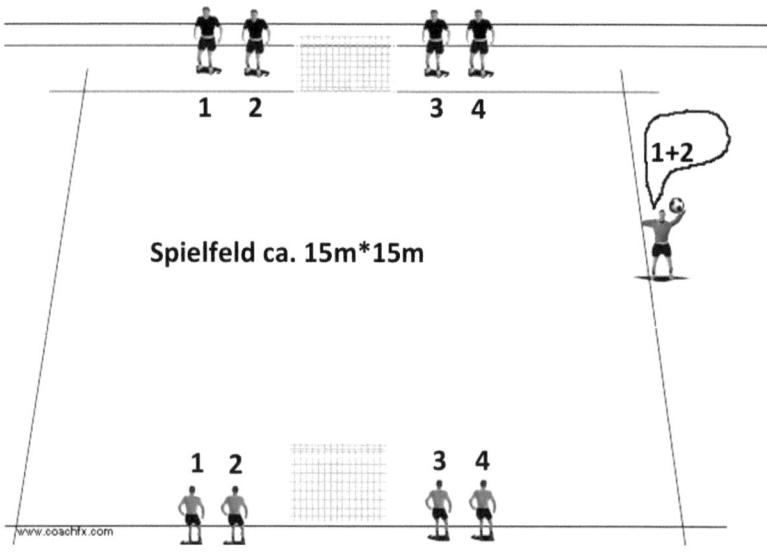

Training der Techniken 1

Übungsaufbau und Ablauf: siehe Grafik

Es werden jeweils 2 Hütchen im Abstand von ca. 15 Metern aufgestellt und mit Spielern (siehe Grafik) besetzt. Der erste Spieler mit Ball dribbelt ein paar Meter und passt dann zum Mitspieler am anderen Hütchen. Der Passgeber läuft weiter durch zum anderen Hütchen. Der angespielte Spieler läuft dem Anspiel entgegen, umdribbelt sein Hütchen und dribbelt weiter zum anderen Hütchen. Jetzt passt er den nächsten Spieler an. Hier sollten verschieden Dribbel-und Passtechniken vom Trainer vorgegeben werden.

www.coachfx.com

Training der Techniken 2 (frühestens ab E-Jugend)

Übungsaufbau und Ablauf: siehe Grafik

Diese Übung wird von uns auch gerne vor einem Spiel praktiziert. Es stehen sich 2 Gruppen gegenüber, von denen eine einen Ball hat.

Der Spieler mit Ball passt zum gegenüberstehenden Spieler und läuft seinem Anspiel nicht hinterher, sondern läuft Diagonal, etc. Hier sollten verschiedene Passtechniken geübt werden.

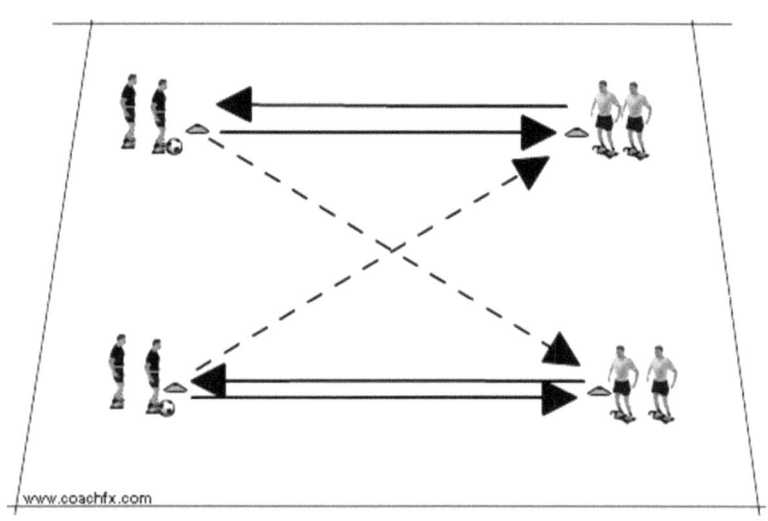

Weitere Übungen

Dribbelduell 1

Übungsaufbau und Ablauf: siehe Grafik

Mehrere Mannschaften bilden. Jede Mannschaft ein Ball.
Auf ein Trainerkommando starten die jeweils ersten Spieler
einer Mannschaft und dribbeln durch den Slalomparcour.
Vom letzten Hütchen aus darf beim Rückweg zum Mitspieler
gepasst werden. Welche Mannschaft ist als erste fertig?

Variation:

Verschiedene Aufgaben beim Dribbeln z.B. mit dem Außenrist
oder mit links den Ball führen etc.

www.coachfx.com

199

Weitere Übungen

Dribbelduell 2 (frühestens ab E-Jugend)

Übungsaufbau und Ablauf: siehe Grafik

Es werden 2 Mannschaften gebildet. Jeder Spieler erhält einen Ball und jeder eine Nummer. Bei z.B. 8 Spielern werden in jeder Mannschaft die Nummern von 1 bis 4 verteilt. Der Trainer ruft eine Nummer, woraufhin die jeweiligen Spieler starten und den Parcour wie in der Abbildung durchdribbeln. Die Mannschaft, dessen Spieler als erster wieder im eigenen Viereck ist, bekommt einen Punkt. Es können auch mehrere Nummern aufgerufen werden. Die Mannschaft, die als erstes komplett wieder im Viereck ist, bekommt einen Punkt.

Variation:

Verschiedene Aufgaben beim Dribbeln z.B. mit dem Außenrist oder mit links den Ball führen etc.

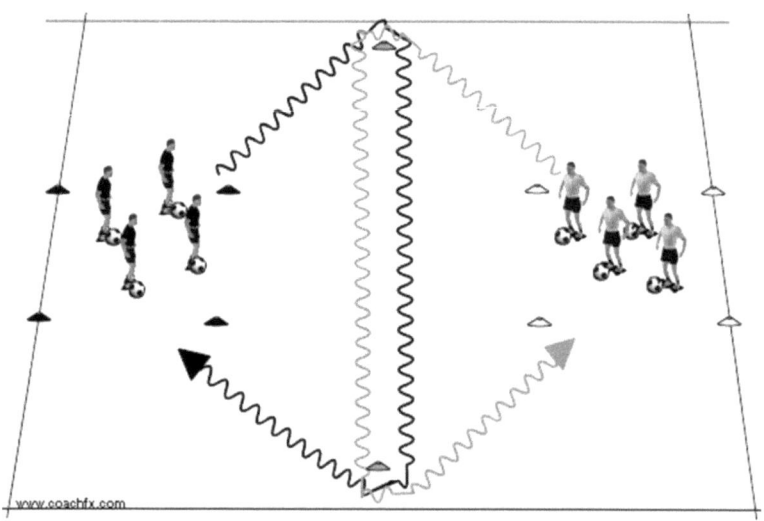

Weitere Übungen

Torschuss- und Kurzpassübung (frühestens ab E-Jugend)

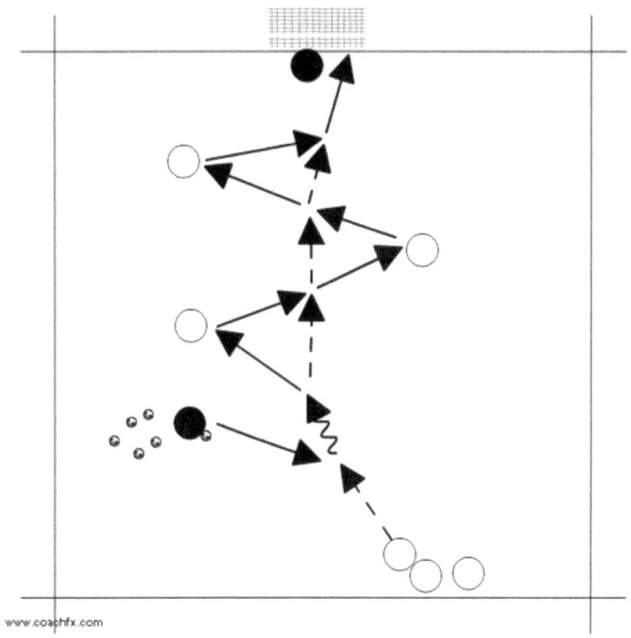

www.coachfx.com

Übungsablauf:

Ein Spieler, bei dem sich alle Bälle befinden, passt zu einem Spieler in der gegenüberstehenden Reihe. Dieser Spieler nimmt den Ball an und dribbelt zu der ersten Anspielstationen und spielt mit diesem einen Doppelpass. Danach mit der 2. Anspielstation etc. und schließt nach dem letzten Doppelpass mit einem Torschuss ab.

Die jeweiligen Entfernungen werden dem Leistungsstand angeglichen.

Weitere Übungen

Unterzahl- und Überzahlsituationen

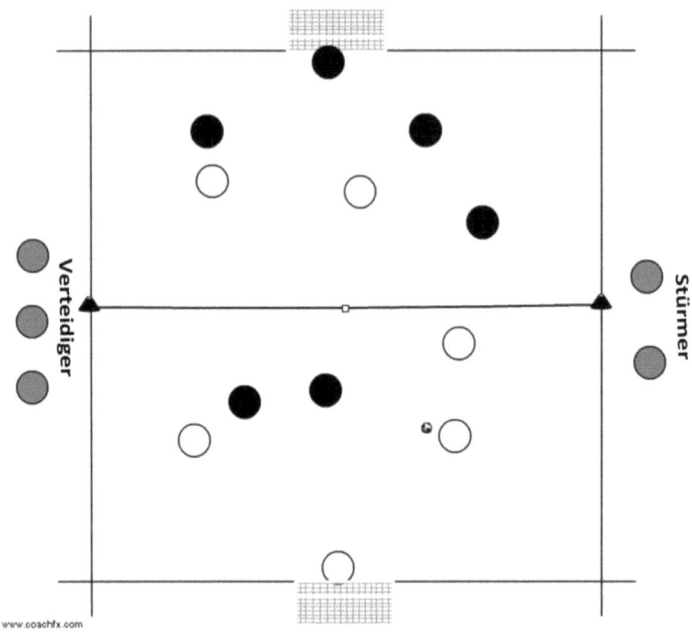

Übungsaufbau: siehe Grafik

Übungsablauf:

Es wird in einem Kleinfeld 5 : 5 gespielt (oder andere Spielstärken). Vorab werden bei jeder Mannschaft 3 Verteidiger und 2 Stürmer benannt, die sich nur in der jeweiligen Spielfeldhälfte aufhalten dürfen. Nach einer bestimmten Zeit, z.B. nach einem Tor, ruft der Trainer „schwarz raus und grau rein". Blitzschnell soll nun die eine Mannschaft das Feld verlassen und das graue Team nimmt deren Platz ein. Nach einigen Minuten wechseln dann das weiße und das schwarze Team usw.

Weitere Übungen

Fußballspezifische Technikübung

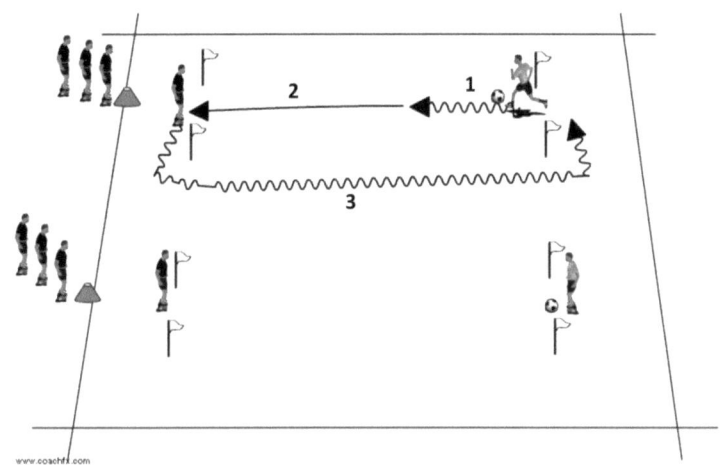

Übungsaufbau: siehe Grafik

Übungsablauf:

Ein Spieler mit Ball steht den anderen Spielern mit einem Abstand von 20 Metern gegenüber. Der Spieler mit Ball startet dribbelt einige Meter und passt durch die Fahnenstangen zum ersten Spieler aus der Reihe und stellt sich hinten an. Der erste Spieler aus der Reihe nimmt den Ball und dribbelt mit höchstmöglicher Geschwindigkeit zum Start und beginnt die Übung erneut.

Variationen:

- Der Ball wird nur mit dem linken Fuß geführt.
- Der Ball wird mit dem Außenrist geführt.

Weitere Übungen

Der Orient-Express

www.coachfx.com

Das Spiel "Orient-Express" erfreut sich immer großer Beliebtheit bei Kindern. Es werden vier Tore aufgebaut (siehe obere Abbildung). Die Tore sind jeweils mit einem Torwart besetzt. Ist die Übung "Orient-Express" beendet kann ein Abschlussspiel erfolgen wie oben dargestellt.

Zunächst sind aber nur die Tore besetzt und vor diesen steht jeweils frontal ein Feldspieler mit einem Abstand von sieben bis 15 Metern zum jeweiligen Torwart. Diese Postion wird mit einer Linie markiert. Auf dem Feld sind für jeden Feldspieler etwa vier verschiedene Dinge wie Pylone, "Leibchen", Stange und ein Ball positioniert. Jeder Spieler weiß, welche vier Gerätschaften ihm zugeteilt sind.

Jetzt ruft die Trainerin oder der Trainer "Pylone" und die Spieler sprinten zu ihrer zugeteilten Pylone, berühren diese und laufen zu ihrer Grundlinie zurück. Jezt könnte zum Berispiel "Ball" gerufen werden und die Fußballer laufen zum Ball führen diesen mit höchster Geschwindigkeit in Richtung zugeteiltem Tor und schießen auf dieses. Die Torschussentfernung entspricht der zugeordneten Grundlinie und diese der jeweiligen Schusskraft der Altersklasse.

Nach diesem Torschuss werden die Feldspieler gewechselt und nach Bedarf auch die Torleute.

Variationen:

- Es wird für jeden Feldspieler noch ein Slalomparcour mit Stangen eingebaut, der vor dem Torschuss durchdribbelt werden muss.

- Vor jedem Torschuss läuft ein Verteidiger auf das Spielfeld und versucht den zugeteilten Angreifer, am Torschuss zu hindern.

Das Quadrat-Wettrennen (ab F-Jugend)

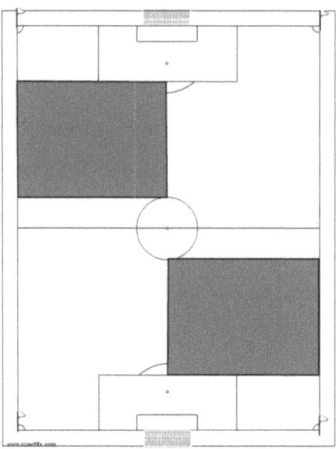

Für dieses Spiel werden zunächst zwei Quadrate mit der Seitenlänge von 20 Metern aufgebaut, die sich in einem Abstand von 20 bis 30 Metern zueinander befinden. Es werden zwei Mannschaften mit möglichst gleicher Spieleranzahl gebildet. Jede Mannschaft befindet sich in einem Quadrat. Jeder Spieler dribbelt nun eng mit dem Ball am Fuß in seinem Feld. Auf Kommando der Trainerin oder des Trainers sprintet jeder Spieler mit Ball am Fuß aus seinem Feld in das andere. Die Mannschaft, deren Spieler zuerst in das andere Feld gedribbelt sind, ist Sieger des Spiels.

Variation: Jeder Spieler bekommt eine Nummer zugeteilt (pro Mannschaft z. B. chronologisch von 1 bis 9). Nach dem Quadratwechsel dribbeln die Spieler in ihrem Quadrat langsam weiter. Nun ruft die Trainerin oder der Trainer z.B. die Nummer "4". Der betreffende Spieler startet nun mit

Ball in Richtung besetztem Tor, welches dieser Mannschaft zugeteilt wurde. Es erfolgt ein Torschuss aus der dem Alter entsprechenden Entfernung. Nachdem alle Spieler geschossen haben, ist das Spiel beendet. Jeder gelungene Torschuss ist ein Punkt für die betreffende Mannschaft. Das Team für den schnelleren Quadratwechsel bekommt hierfür drei Punkte. Die Mannschaft mit der höheren Punktzahl hat das Spiel natürlich gewonnen.

Die Erfahrung hat gezeigt, das dieser Wetttkampf den kleinen Fußballern enormen Spaß bereitet.

Weitere Übungen

Wettlauf

Die nächste Übung beinhaltet eine schöne Wettkampfübung in Staffelform. Sie ist für die Halle und auch den Sportplatz gut geeignet. Sie macht den F- und E-Jugendlichen enorm viel Spaß. Es werden zwei Gruppen gebildet, die etwa fünf Meter voneinander entfernt stehen. Die jeweiligen Gruppenmitglieder stehen kurz hintereinander in einer Reihe. Vor jeder Gruppe werden jeweils vier bis fünf Pylonen oder Fahnenstangen in einem Abstand von einem Meter in einer Reihe aufgestellt. Danach werden jeweils drei bis fünf Gymnastikreifen direkt in einer Reihe aneinandergelegt. Einige Meter dahinter wird wiederum jeweils eine Pylone oder Fahnenstange hingestellt.

Ablauf: Die Startläufer jeder Gruppe laufen auf ein Startsignal hin los, Slalom durch die Pylonen oder Fahnenstangen, mit jeweils einem Fußaufsatz in die Gymnastikreifen weiter zur und um die letzte Pylone, und dann mit einem vollen Sprint zurück zum Start. Hier wird der nächste Läufer abgeklatscht, und rennt los mit der gleichen Aufgabe. Die Gruppe, die zuerst alle Sprinter wieder im Ziel hat, ist natürlich Sieger.

Beim nächsten Wettkampf müssen die Spieler einen Ball in den Händen tragen und im Ziel jeweils dem nächsten Kind übergeben, das erst dann wieder starten darf usw.

Beim letzten Wettkampf wird der Schwierigkeitsgrad noch einmal wesentlich erhöht. Nun muss der Ball Slalom durch die Fahnenstangen gedribbelt werden. Dann wird er

aufgehoben, und muss einmal in jeden Gymnastikreifen geprellt und wieder gefangen werden. D.h., der Ball wird einmal im ersten Reifen geprellt und gefangen. Nun stellt das Kind sich in den ersten Reifen, und prellt in den Zweiten. Jetzt stellt es sich in den Zweiten, und prellt in den dritten Reifen usw.

Nach dem letzten Gymnastikreifen wird der Ball auf den Boden gelegt, um die letzte Pylone oder Fahnenstange mit dem Fuß geführt, und dann zurück gedribbelt zum nächsten Läufer usw.

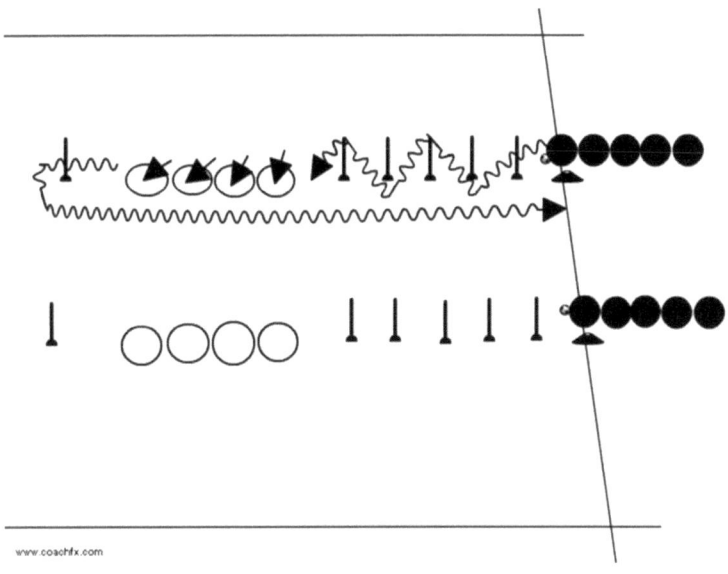

www.coachfx.com

Schnelles Kurzpassspiel auf Minitore ab D-Jugend

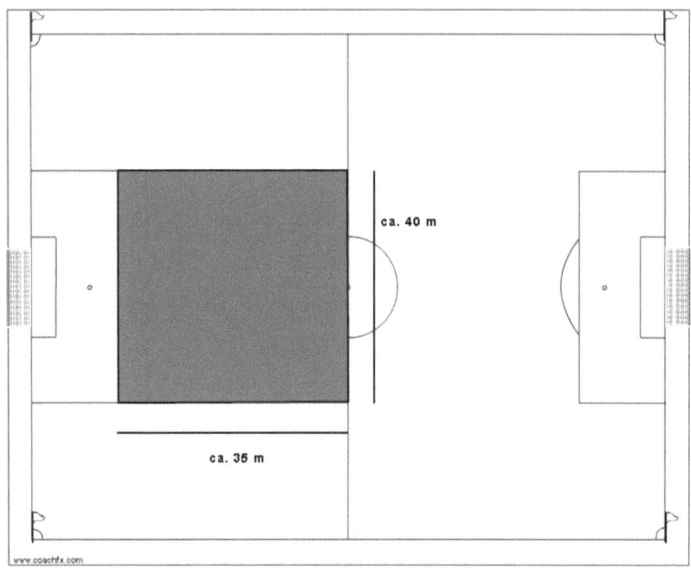

Dieses Trainingsspiel fördert die Übersicht, das Kurzpassspiel und die Handlungsschnelligkeit. Sie kann in der Regel erst ab der D-Jugend erfolgreich eingesetzt werden. Als Spielfläche dient entweder der gesamte Mittelkreis mit seiner Fäche (vier bis fünf Spieler pro Mannschaft plus einem neutralen Spieler), der gesamte Strafraum (sechs bis sieben Spieler pro Mannschaft plus einem neutralen Spieler) oder eine Spielfläche von 40 x 35 Metern (acht bis zehn Spielern pro Mannschaft plus einem neutralen Spieler).

Ablauf: An den schmalen Seiten der Spielfläche steht jeweils ein Minitor, beim Mittelkreis stehen sich die Minitore genau gegenüber. Gespielt wird ohne Torwart.

Weitere Übungen

Die Mannschaften spielen nun natürlich gegeneinander, wobei jeder Spieler maximal drei Ballkontakte haben darf. Werden mehr Ballkontakte durchgeführt, wechselt der Ballbesitz zur anderen Mannschaft. Der neutrale Spieler agiert immer für die Mannschaft, die ihm absichtlich oder unabsichtlich den Ball zugetragen hat. Der neutrale Spieler darf so viele Ballkontakte haben, wie er möchte. Auch Tore darf er erzielen. Der neutrale Spieler wird immer wieder nach ein bis zwei Minuten gewechselt. Dieses Spiel wird ungefähr zehn Minuten gespielt. Welche Mannschaft erzielt die meisten Tore?

Variationen:

° Wir spielen das Spiel auf vier Tore.

° Wir erhöhen die erlaubten Ballkontakte auf vier oder fünf.

° Der neutrale Spieler darf nur ein bis fünf Ballkontakte haben.

° Der neutrale Spieler darf keine Tore erzielen.

° Der neutrale Spieler und ein bis zwei Spieler aus jeder Mannschaft dürfen so viele Ballkontakte haben, wie sie wollen.

Weitere Übungen

Fähnchenverteidigung im Mittelkreis

Mitten im Mittelkreis wird eine Fahnenstange oder ein Hütchen aufgestellt. Ein Fußballer soll diese Fahnenstange verteidigen. Drei bis vier Gegenspieler, die im Besitz eines Balles sind, sollen die Fahnenstange oder die Pylone umschießen. Gelingt dies, wird der verteidigende Spieler gewechselt. Erobert der Verteidiger den Ball oder geht dieser ins Aus, wird ebenfalls getauscht.

Variationen:

- Die Gegenspieler dürfen nur mit ein bis drei Ballkontakten pro Zuspiel agieren.

- Nach spätestens 10 bis 20 Ballkontakten insgesamt muss die Fahnenstange oder die Pylone abgeschossen sein, ansonsten wird der Verteidiger gewechselt.

- Es werden zwei Fahnenstangen oder zwei Pylonen mit jeweils einem Verteidiger positioniert und wir spielen mit fünf bis sechs Angreifern.

- Die zwei Verteidiger dürfen sich untereinander helfen.

- Die fünf bis sechs Angreifer spielen mit zwei Bällen gleichzeitig.

Und hier noch schöne Variationen zu Völkerball und Brenn-ball (siehe Trainingseinheiten Bambinis)
Wir benötigen 3 – 5 Schaumstoffbälle mindestens in Tennisballgröße. In einem begrenzten Feld versuchen sich die Kinder gegenseitig abzuwerfen. Mit dem Ball in der Hand darf man höchstens fünf Schritte laufen (Schrittanzahl wird der Menge und der Größe des Raumes angepasst) und muss dann zügig werfen. Getroffene Kinder verlassen die Spielfläche und haben nun die Aufgabe, mit den Betreuern die aus dem Spielbereich geworfenen Bälle, ins Spielfeld zurückzubefördern. Geworfene Bälle werden so schnell wie möglich aufgehoben, und wieder wird versucht, jemanden abzuwerfen. Die letzten zwei oder drei Kinder sind die Sieger. Ein absoluter Sieger wird nicht ausgespielt, weil sonst die Spieldauer zu lang und langweilig für die ausgeschiedenen Kinder ist. Die Übung wird in der Regel zwei- oder dreimal wiederholt.

Variation: Der Ball darf jetzt nur mit dem Fuß geführt und die anderen Kinder nur "abgeschossen" werden.
Achten Sie bitte hierbei auf ausreichend weiche Bälle.

Variation: Dem ballführenden Spieler, darf dieser auch abge-nommen werden.

Variation: Der Ball darf nicht geführt werden, sondern muss direkt geschossen werden. Hierbei haben allerdings die Trai-ner, Betreuer und Spieler außerhalb des Spielfeldes sehr viel Arbeit mit der Rückbeförderung der Bälle. Die Laufarbeit ist höher als die der spielenden Kinder.

Weitere Übungen

Völkerball

(Kurze Wiederholung, bevor wir zu Varianten des Völkerballs kommen)

Die Feldgröße bestimmt sich aus Wurfkraft und Anzahl der Kinder. Am Anfang hat jede Mannschaft drei Werfer außerhalb des Feldes, je einer an der gegnerischen Grundlinie. Die Kinder, die abgeworfen wurden, gesellen sich zu den eigenen Werfern und dürfen mit abwerfen. Sind alle Kinder einer Mannschaft getroffen, müssen die drei Startwerfer ins Feld. Diese haben aber drei Leben, d.h. sie müssen dreimal getroffen werden, bevor sie ausscheiden.
Die Mannschaft, die zuerst komplett abgeworfen wird, ist der Verlierer.
Bei diesem Spiel setzen wir nur sehr weiche Bälle (z.B. Schaumstoffbälle) ein, und erhöhen die Dynamik des Spiels mit einem Einsatz von zwei Bällen gleichzeitig.

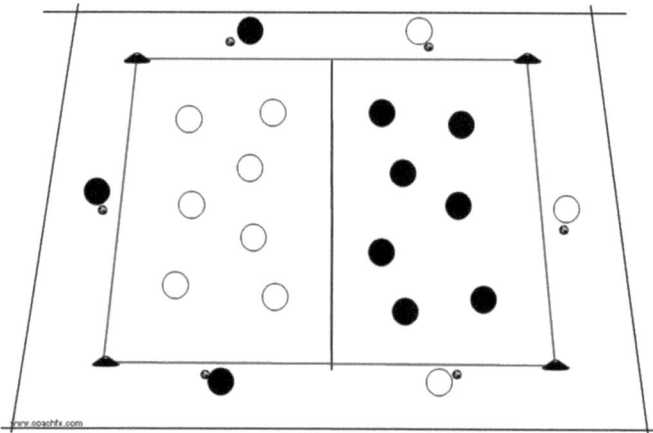

214

# Weitere Übungen

Königsvölkerball

Beim Königsvölkerball wählt jede Mannschaft geheim einen König und einen Hofnarren. Der Hofnarr hat unendlich viele "Leben" und kann nicht abgeworfen werden.
Wird der König aber getroffen, hat die entsprechende Mannschaft das Spiel verloren.

Rittervölkerball

In diesem Spiel wird zwar ein König eingesetzt, aber der Hofnarr fehlt. Der König der jeweiligen Mannschaft ist nun aber bekannt. Wird er getroffen, hat die entsprechende Mannschaft wieder verloren.
Diesmal gibt es aber vier Ritter, die mit einem Schild ausgerüstet sind (der Schild ist eine leichte Matte, fast so hoch wie die Ritter selbst / die Matte muss aus weicher Konsistenz sein, damit keine Verletzungen entstehen können).
Die Ritter beschützen nun ihren König mit dem Schild nach außen an jeder "Ecke". Wird ein Schild getroffen, muss der Ritter den Schild abgeben (z.B. an den Trainer oder die Trainerin außerhalb des Spielfeldes). Nun muss der Ritter den König mit seinem Körper verteidigen. Wird er getroffen, muss der Ritter raus und wird zum Werfer seiner Mannschaft. Wird der Ritter vor seinem Schild getroffen, müssen beide raus. Auch hier wird der Rittter zum Werfer usw. **Bei schönem Wetter und der nötigen Gerätschaften, kann das Spiel auch auf dem Sportplatz stattfinden.**

# Weitere Übungen

Jägerball

Bei Zombieball oder Jägerball spielt jeder gegen jeden und versucht möglichst viele Kinder abzuwerfen. Natürlich wird wieder mit einem weichen Schaumstoffball gespielt. Wer getroffen wird, muss aus dem Spielfeld gehen. Die Spielfeldgröße richtet sich nach der Anzahl der Kinder, und kann in der F-Jugend 15 m x 15m (bis zu 8 Spieler) bis zu 25m x 25m (bis zu etwa 25 Spieler) betragen. Wird der Ball aus dem Spielfeld geworfen, befördert ihn zunächst der Trainer/in ins Spielfeld zurück. Danach übernehmen dies die abgeworfenen Spieler. Wer als Letzter übrigbleibt hat gewonnen. Dies ist erst einmal die Grundvariante des Jägerballs.

Variationen

1. Es wird mit zwei Bällen gleichzeitig gespielt.

2. Die abgeworfenen Spieler müssen warten, bis ihr Schütze getroffen wird. In diesem Moment dürfen sie wieder das Spielfeld betreten und mitspielen.

3. Wir spielen Fußballzombie. Die Regeln bleiben unverändert, aber jetzt müssen die Mitspieler mit dem Fuß und dem Schuss des Schaumstoffballes abgeschossen werden.

Weitere Übungen

Kastenball für die Halle

Die Kastenteile sind in diesem Spiel die Tore und werden mit einem Abstand von etwa drei bis fünf Metern zur Hallenwand waagerecht aufgestellt. Wir wählen hier die Kastenteile, die nach beiden Seiten hin offen sind. Es wird ohne Torwart gespielt. Der Ball darf nur mit den Händen gehalten werden. Mit dem Ball darf man nur drei Schritte laufen, und dann muss man abspielen oder den Ball durch den Kasten rollen oder werfen. Der Ball kann von beiden Seiten des Kastenteiles ins Tor befördert werden. Nach einem erfolgten Tor erhält die Mannschaft, der das Tor gehört, den Ball. Die Kastenteile dürfen nicht berührt werden, niemand darf sich vor das Tor legen oder unmittelbar vor das Tor stellen.

Variation: Nach dem Kastenball mit Rollen und Werfen spielen wir natürlich Kastenball nach Fußballregeln.

Prellfangspiel

Es wird ein Feld von etwa 20 x 20 Metern abgesteckt (in der Halle eine Hallenhälfte). Ein Spieler ist der Fänger, der beim Fangen und Laufen gleichzeitig einen Ball prellen muss. Berührt er einen anderen Mitspieler mit der Hand, bekommt dieser auch einen Ball und wird ebenfalls zum Fänger. Der letzte Spieler ohne Ball wird natürlich zum Sieger erklärt.

.

Variation:

1. Nicht der letzte Spieler ohne Ball, sondern die letzten drei nicht gefangenen Spieler haben gewonnen.

2. Nicht die Fänger prellen einen Ball, sondern die Spieler, die gejagt werden.

3. Alle Spieler prellen einen Ball.

4. Alle Variationen werden noch einmal durchgespielt, hierbei wird aber nun der Ball mit dem Fuß gedribbelt.

Weitere Übungen

Teamtor

Die kleinen Fußballer (bis E-Jugend) bilden Zweier-, Dreier-oder Viereketten, und stehen etwa 20 Meter vor dem besetzten Tor. Ein Spieler ist in Ballbesitz. Auf Kommando läuft die erste Gruppe mit Ball auf das Tor zu. Sie bilden ein festes Team und eine Einheit. In der Anlaufphase solllen sie den Ball untereinander zuspielen. Kommen sie in die Nähe des Tores, darf ein Spieler versuchen, ein Tor zu erzielen. Der Torwart soll dies natürlich verhindern, darf aber seine Torlinie nur geringfügig verlassen. D.h., er darf nur ein bis zwei Meter aus dem Tor herauskommen. Denkt dabei an die Schusskraft der Kleinen. Darf der Torwart den Torraum unbegrenzt verlassen, ist es für die "träge Kettte" fast unmöglich, ein Tor zu erzielen. Diese Spielform kann in allen möglichen Variationen durchgeführt werden wie Zweier-, Dreier-, Vierer- oder Fünferketten. Auch der Torschütze kann festgelegt werden. Der Torwart wird natürlich regelmäßig gewechselt.

219

Kopfballtraining, ja oder nein?

Kopfballtraining, ja oder nein?

Mit Kopfbällen werden sehr oft Spiele entschieden und viele Tore gemacht gemacht. Mit dem Kopf werden Bälle angenommen und weitergeleitet. Nur der Kopfball ist gefährlich für Erwachsene und ganz besonders für Kinder.

Landet der hart aufgepumpte Ball aus Versehen im Gesicht, verursacht dies manchmal sehr starke Schmerzen oder es bricht sogar der Nasenknochen. Bei Kindern kann es auch mal zum Verlust eines Milchzahnes kommen.

Bei extremen Kopfballtraining sind auch Gehirnerschütterungen und sogar Langzeitschäden nicht auszuschließen.

Deswegen ist ein Kopfballtraining mit Kindern eine heikle Sache und äußerste Vorsicht geboten.

Bei den Bambinis sollte überhaupt kein Kopfballtraining erfolgen, ja eigentlich das Spiel mit dem Kopf und Ball komplett untersagt werden. Kopfbälle werden ohnehin nicht effektiv bei den Bambinis sein, und erst recht kein Spiel entscheiden. Bei den F-Junioren kann ein bestimmtes Kopfballtraining eingeführt werden.

Hierzu werden aber niemals hart aufgepumpte Lederbälle verwendet. Die Nackenmuskulatur ist noch nicht kräftig genug entwickelt, die Knochen haben keine ausreichende Festigkeit der Konsistenz erreicht. Die Koordination ist mangelhaft entwickelt, der Ball landet zu oft im Gesicht.

In manchen Ländern ist ein Kopfballtraining für Kinder ganz verboten. Auch dies findet durchaus einen legitime Berechtigung. Die Sicherheit der Kinder sollte vorgehen.

# Kopfballtraining, ja oder nein?

Ein Kopfballtraining in der F-Jugend ist aber sinnvoll, wenn es vorsichtig, mit den richtigen Übungen und den richtigen Bällen eingesetzt wird.

Gilt denn hier der Spruch "Was Hänschen nicht lernt, lernt Hans nimmer mehr".

Nur bedingt, dies belegen Berichte über Fußballprofis, die erst in einer Profi-Mannschaft das Kopfballspiel perfekt erlernten, die sogar vorher das Kopfballspiel mieden, weil sie Angst davor hatten.

Kopfballübungsreihe für die F- und E-Jugend

Wir trainieren das Kopfballtraining am besten in der Halle. Es werden Luftballons und nur leicht aufgepumpte Volleybälle eingesetzt. Der Vorteil der leichten Volleybälle besteht auch darin, dass die Bälle weiter weg geköpft werden können.

- Bei der ersten Übung nehmen wir lediglich Luftballons. Es ist eine Eingewöhnungsphase. Achten Sie darauf, dass die Ballons mit der Stirn getroffen werden. Zunächst sollen die Kinder ihn allein mit der Stirn in der Luft halten. Jedes Kind hantiert also mit einem Ballon. Danach sollen zwei Kinder einen abwechselnd in der Luft halten. Nun gezielt über eine Strecke befördern. Hiernach kann man auch einen Wettkampf einsetzen. Der Phantasie des Trainers oder der Trainerin bleibt hier freien Lauf.

# Kopfballtraining, ja oder nein?

- Die Fußballer werfen jetzt einen Leicht aufgepumpten Volleyball hoch und köpfen einmal oder mehrmals hintereinander.

- Die Spieler werfen sich gegenseitig den Volleyball zu und köpfen zurück.

- Jetzt wird versucht in der Zweiergruppe, direkt hin- und herzuköpfen.

- Die Übung wird zur Dreiergruppe ausgedehnt (ab E-Jugend).

- Ein Spieler steht auf der Torlinie, der andere 6 – 7 Meter entfernt. Der Spieler im Tor wirft den Ball zu, der andere versucht ins Tor zu köpfen.

- Ein dritter Fußballer kommt hinzu. Er wirft den Ball von der Seite und der Spieler vor dem Tor versucht, den Ball ins Tor zu köpfen (ab E-Jugend).

 # Kopfballtraining, ja oder nein?

Diese Übung trainiert zusätzlich die Reaktionsfähigkeit des Torhüters.

Ein Spieler, der hinter dem Tor steht, wirft den Ball den Mitspielern zu. Diese haben die Aufgabe, den Ball ins Tor zu köpfen. Der Spieler, der den Ball geköpft hat, stellt sich hinten wieder an.

Variation: Der Spieler hinter dem Tor wirft den Ball mit einem Einwurf zu, so kann direkt ein Einwurftraining mit trainiert werden.

Wir denken weiterhin an leicht aufgepumpte Volleybälle oder ganz leicht aufgepumpte Fußbälle.

Sollen Wettkampfspiele am Ende des Trainings nur nach dem neuen Regelwerk (siehe ab Seite 60) erfolgen?

Was ist mit dem normalen Wettkampfspiel?

Die kleinen Fußballer sind nicht dumm, und wissen wie die großen Fußballstars ihre Wettkampfspiele austragen. Die Spieler haben bestimmte Positionen mit zusätzlichen Defensiv- oder Offensivaufgaben und gelegentliche Positionswechsel. Ein fester Torwart ist auch immer dabei. D.h. für Trainerinnen und Trainer, dass auch "richtige" Wettkampfspiele regelmäßig eingebaut werden müssen, sonst werden einige kleine Fußballer ihre Spielfreude verlieren. Wir spielen allerdings ohne Rückpassregel und Karten. Der "Achtmeter" wird nur bei "schweren" Fouls gepfiffen. Es darf auch immer wieder ein- und ausgewechselt werden. Bambinis dürfen den Ball beim Einwurf auch einfach einrollen. Ein spezielles Torwarttraining erfolgt auch erst mit 10 bis 12 Jahren. Jeder soll auch mal jede Position spielen.

Abschlussspiele

Die Abschlussspiele und die Wettkampfspiele nach dem neuen Regelwerk im Kinderfußball (siehe ab Seite 59) sollen in der F- und E-Jugend etwa 50 Prozent der Trainingseinheiten ausmachen.

Was meinen wir mit Abschlussspiele?

Ein „freies" letztes Abschlussspiel sollte in der Regel immer erfolgen, die taktischen Anweisungen sind hier sehr begrenzt oder fehlen komplett. Der Trainer oder die Trainerin fungiert als Schiedsrichter, Streitschlichter, Ratgeber usw.

In der F-Jugend sollten zwei Abschlussspiele eingebaut werden, eines mit einer leichten taktischen Vorgabe und ein komplett „freies" Abschlussspiel nach dem neuen Regelwerk. Das Abschlussspiel mit der taktischen Vorgabe wird auf 5 bis 10 Minuten begrenzt (F- und auch E-Jugend). Wir dürfen nicht vergessen, dass wir es immer noch mit Kindern zu tun haben, und die wollen spielen, spielen, spielen. Bei zu langen taktischen Vorgaben, verliert diese Altersgruppe schnell den Spaß am Fußball, und das wollen wir nicht.

In der E-Jugend sollten 2 - 3 Abschlussspiele durchgeführt werden. Und nur das letzte davon ist ein „freies" Abschlussspiel nach dem neuen Regelwerk. Die anderen Spiele beinhalten zusätzliche Aufgaben in Bezug auf Kondition, Technik und/ oder Taktik.

Die Abschlussspiele werden in der F- und E-Jugend den kognitiven und technischen Fähigkeiten angepasst.

Vermieden werden sollten Abschlussspiele, in denen die Kinder sich selbst überlassen sind. Schnell werden zwei

Mannschaften gebildet, die ohne jede taktische Anweisungen gegeneinander spielen. Vielleicht geht der Trainer oder die Trainerin schon duschen, fährt früher nach Hause (beides grob fahrlässig) oder hält mit anderen Trainer/in ein Schwätzchen, die Kinder bleiben sich selbst überlassen (verantwortungsloses Verhalten).

Abschlussspiele mit leichten taktischen oder technischen Vorgaben für F- und E-Jugend

- Der Ball darf nur mit dem linken Fuß geführt, gepasst oder geschossen werden (Kopfball ist natürlich erlaubt). Diese Vorgabe sollte auf fünf Minuten begrenzt bleiben.

- Der Ball darf nur mit dem rechten Fuß geführt, gepasst oder geschossen werden (Kopfball ist natürlich erlaubt). Diese Vorgabe sollte auf fünf Minuten begrenzt bleiben. Diese Vorgabe macht allerdings nur Sinn, wenn Spieler mit einem „starken linken" Fuß in der Mannschaft sind.

- Der Ball darf nur nach vorn gespielt oder gedribbelt werden.

- Wer ein Tor schießt, muss ins Tor bis zum nächsten Torerfolg.

- Eine Mannschaft spielt in Überzahl von mindestens zwei Spielern. Nach zwei bis drei Minuten spielt die andere Mannschaft in Überzahl, allerdings auch nur für zwei bis drei Minuten.

 # Weitere Wettkampf- und Abschlusssp.

- Eine Mannschaft spielt in Überzahl mit einer der schon aufgelisteten Vorgaben, auch hier wechselt sie wiederum nach 2 bis drei Minuten.

- Es wird ein Abschlussspiel auf vier Tore gespielt. Hierbei ist eine Spielzeit von 10 Minuten durchaus sinnvoll.

- Es wird ein Abschlussspiel auf vier Tore mit zwei Bällen gespielt. Die Bälle sind relativ leicht aufgepumpt, weil z.B. gleichzeitig zwei Schützen auf ein Tor schießen können. Jetzt halten sich die Schmerzen bei einem Körpertreffer in Grenzen.

⚽ Weitere Wettkampf- und Abschlusssp.

Abschlussspiele ab der E-Jugend

Bei diesem ersten beschriebenen Abschlussspiel trainieren wir den schnellen Angriff in Überzahl und den Konter. Gespielt wird auf zwei besetzte Tore. Die angreifende Mannschaft stellt vier Stürmer, die abwehrende drei Verteidiger.

Bei der verteidigenden Mannschaft stehen vier Spieler außerhalb des Spielfeldes neben dem Tor, bei der angreifenden Mannschaft drei Spieler außerhalb neben ihrem Tor (siehe Skizze auf der nächsten Seite).

Übungsablauf:

1. Der Angriff muss innerhalb von zwei Minuten abgeschlossen sein, ansonsten müssen die Angreifer vom Feld und die drei wartenden Mitspieler werden zu Verteidigern.
Die wartenden vier Spieler werden jetzt zu Stürmern und bekommen den Ball usw. Jeder Angriff wird aber immer wieder auf zwei Minuten begrenzt.

2. Erlangen die Abwehrspieler den Ball, müssen sie sofort einen Konter einleiten und dürfen nur nach vorne laufen oder dribbeln. Sie suchen also den bedingungslosen Torabschluss.

3. Beenden die Stürmer mit einem Torabschluss, wechselt natürlich auch das Angriffsrecht mit den jeweils neuen Spielern.

Ecken und Freistöße werden ausgeführt, wenn sie innerhalb der zwei Minuten stattfinden.

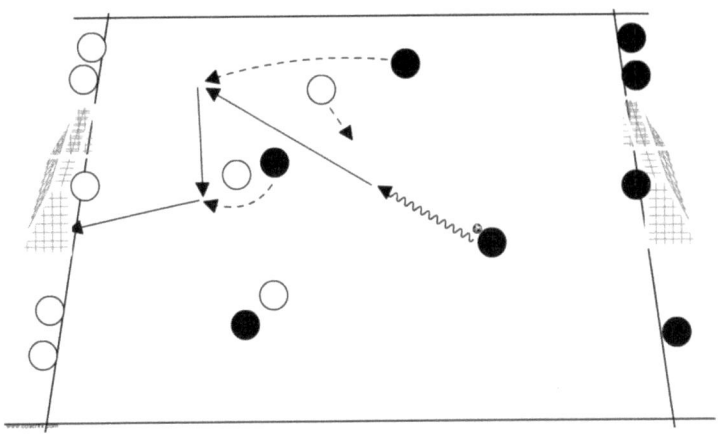

Abschlussspiel mit Dribbelaktion

Es wird ein Feld von 40 x 30 Meter abgesteckt. Ebenfalls wird eine mittlere Zone von 20 x 30 Meter markiert. Es werden zwei Mannschaften gebildet mit je einem Torwart, einem Abwehrspieler in der Abwehrzone und 4 – 6 Spieler je Mannschaft in der mittleren Zone.

Ablauf: In der mittleren Zone spielen 4 gegen 4, 5 gegen 5 oder 6 gegen 6. Schafft es nun ein Spieler über die Grundlinie der mittleren Zone auf das gegnerische Tor zu dribbeln, muss

er nun 1 gegen 1 gegen den Verteidiger den Torabschluss suchen. Der Stürmer darf dribbeln oder auch direkt schießen. Der Torwart darf auch aktiv eingreifen, und seine Torlinie verlassen.

Egal wie das Endresultat ausgeht, die verteidigende Mannschaft bekommt dann den ersten Ballbesitz in der mittleren Zone, Ecken werden nicht ausgespielt.

Variationen

- Der Stürmer ruft den Namen eines Mitspielers aus der mittleren Zone, der ihn bei dem Angriff in der Verteidigungszone des Gegners unterstützen darf.

- Jetzt darf auch der Verteidiger einen Spieler zur Verstärkung rufen, so bald ein Angreifer in seine Zone eindringt.

- Distanzschüsse aus der Mittelzone werden erlaubt.

- Der Torwart darf die Torlinie nicht verlassen.

- Es wird ohne Verteidiger gespielt, der Angreifer spielt also 1 gegen 1, wenn er in die Verteidigungszone eindringt.

- Es dürfen insgesamt drei Angreifer in die Verteidigungszone eindringen, gegen einen Verteidiger und einen Torwart, aber die Stürmer dürfen ausschließlich mit ihrem „schwächeren" Fuß spielen.

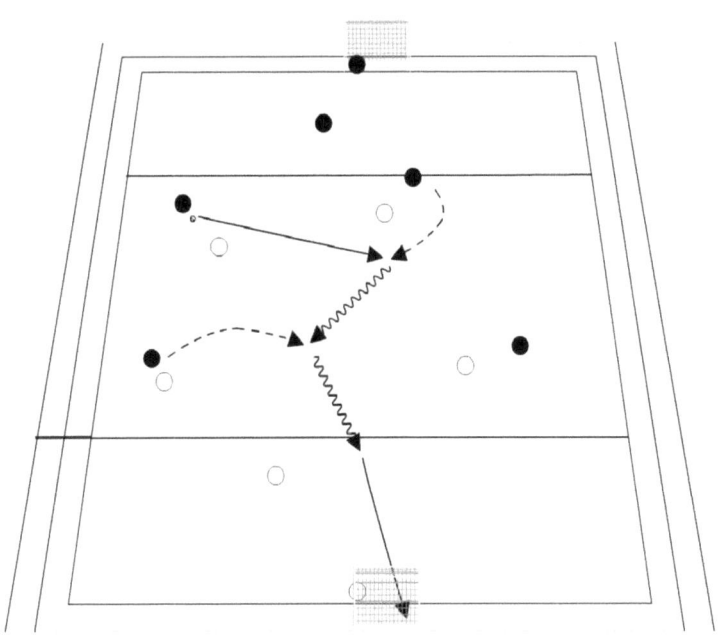

 # Weitere Wettkampf- und Abschlusssp.

Anspruchsvolle Wettkampfspiele ab der D-Jugend

- Es werden zwei Mannschaften mit jeweils einem festen Torwart gestellt.
Die Anzahl der Feldspieler beträgt 5 – 7 pro Mannschaft.

Übungsablauf:
1. Eine Mannschaft spielt auf das Tor mit dem Angriffsfeld. Schießt sie ein Tor mit einem Distanzschuss außerhalb des Angriffsfeldes, wird dieses Tor doppelt gewertet.

2. Dribbelt die Mannschaft in das Angriffsfeld und erzielt dann ein Tor, zählt dieses auch doppelt. Alle anderen Tore, auch die der gegnerischen Mannschaft (diese spielt ja auf kein Angriffsfeld), zählen einfach.

3. Nach zehn Minuten werden die Seiten gewechselt und die andere Mannschaft spielt auf das Tor mit dem Angriffsfeld. Sieger nach 20 Minuten ist natürlich die Mannschaft mit den meisten Torpunkten (hier Torpunkte, weil manche Tore ja doppelt zählen).

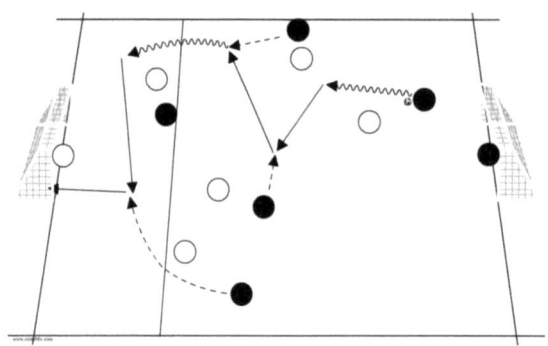

Geteilte Mannschaften

Es wird ein Feld von etwa 25 x 20 Meter markiert bei 4 gegen 4 Spieler, bei 5 gegen 5 oder 6 gegen 6 wird das Feld auf 30 x 25 Meter erweitert. Ebenfalls stehen zwei unbesetzte Tore bereit. Die Mannschaften bestehen jeweils aus zwei Gruppen (vier bis sechs Spieler). Die Mannschaftsteile bekommen die Namen 1a und 1b, und die zweite Mannschaft die Namen 2a und 2b. Sie verteilen sich jeweils links und rechts neben dem eigenen Tor (siehe Skizze nächste Seite unten).

Ablauf: Der Trainer oder die Trainerin ruft z.B. die Mannschaftsteile 1a und 2b auf. Die Spieler laufen ins Feld und spielen nun gegeneinander mit einem festen Torwart. Beim ersten Spiel liegt der Ball in der Spielfeldmitte. Nach zwei Minuten ruft der Trainer/in z.B. „2b durch 2a ersetzen". Jetzt muss die Mannschaft 2b sofort das Feld verlassen und wird durch 2a ersetzt. Danach ruft der Trainer oder die Trainerin z.B. „1a durch 1b ersetzen und 2a durch 2b ersetzen." hier werden also zwei Mannschaftsteile gleichzeitig ausgetauscht.
Diese Übung macht den kleinen Fußballern einen Riesenspaß, und kann getrost bis zu zwanzig Minuten gespielt werden.
Tipp: Der Austausch der Mannschaftsteile empfiehlt sich gut bei anstehenden Standardsituationen wie Einwurf, Freistoß und Eckball.

Variationen

- Es wird nicht mit einem „festen" Torwart gespielt, sondern der „letzte" Mann wird automatisch zum Keeper.

- Die Mannschaftsteile bestehen aus unterschiedlich vielen Spielern, so kann eine Unter- und Überzahl dieser im Spiel erreicht werden. Mögliche Kombinationen wären z.B.   4 gegen 5, 5 gegen 4, 4 gegen 4 und 5 gegen 5. Hierbei hat jede Mannschaft einen Mannschaftsteil von 4 und 5 Spielern.

- Jeder Spieler darf nur mit seinem „schwachen" Fuß spielen. Allerdings sollte die Zeit hier auf zwei Minuten Spielzeit pro Spieler begrenzt bleiben.

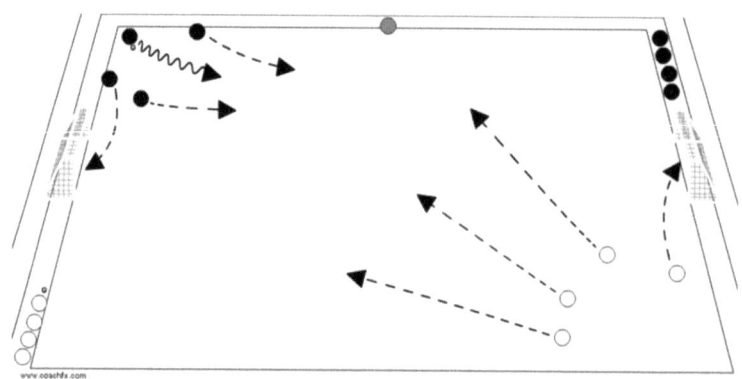

Nur Doppeltore zählen

Es wird ein Feld von 40 x 25 Meter mit zwei Toren aufgebaut. Gleichmäßig im Feld, aber mindestens 10 Meter von den Toren entfernt, werden 6 Hütchen aufgestellt. Auf diese Pylonen wird oben jeweils ein Ball postiert.
Nun werden zwei Mannschaften mit einem „festen" Torwart gebildet. Die Mannschaften setzen sich aus jeweils 5 bis 6 Spielern zusammen (siehe Skizze nächste Seite unten).

Ablauf: Es wird ein ganz normales Fußballspiel ausgetragen, bis auf einen Unterschied. Bevor eine Mannschaft ein reguläres Tor erzielen darf, muss zuvor ein Hütchen mit Ball umgeschossen werden, oder nur der Ball von diesem. Der Trainer oder die Trainerin entfernt die entsprechende Pylone mit Ball vom Spielfeld. Die Mannschaft mit dem „Treffer" kann nun auf das gegnerische Tor stürmen, und einen regulären Treffer erzielen. In der Zwischenzeit kann nun natürlich auch der Gegner eine Pylone „zusammenschießen", und ebenfalls ein reguläres Tor erzielen.
Wurde ein Tor erzielt, muss erneut ein Hütchen „abgeschossen" werden, bevor ein weiteres reguläres Tor erzielt werden darf. Die jeweils gegnerische Mannschaft darf natürlich die Pylonen mit Ball vor einem Abschuss schützen.
Wurde ein Hütchen getroffen, darf natürlich kein weiterer Abschuss erfolgen, bevor ein regulärer Treffer erzielt wurde.
Bei einer nicht regulären „Zerstörung" einer Pylone mit Ball muss der betreffende Spieler diese wieder aufbauen.
Nach Abschuss aller Hütchen geht es mit einem „normalen" Spiel weiter.

Variationen

- Auf dem Feld werden anstatt der Pylonen 6 kleine Tore mit ganz flachen Markierungshütchen aufgebaut. Die Breite der Tore beträgt etwa einen Meter. Bevor ein Tor erzielt werden darf, muss durch diese Tore ein Pass zu einem Mitspieler stattfinden.

- Alle Utensilien werden nun vom Platz entfernt. Ein Tor darf aber erst erzielt werden, nachdem ein „richtiger" Doppelpass gespielt wurde. D.h., der Doppelpass zählt nicht bei einem direkten Spiel auf kurzer Entfernung in der eigenen Hälfte ohne gegnerische Störung. Der Trainer/in gibt also bei einem zählbaren Doppelpass seine Zustimmung.

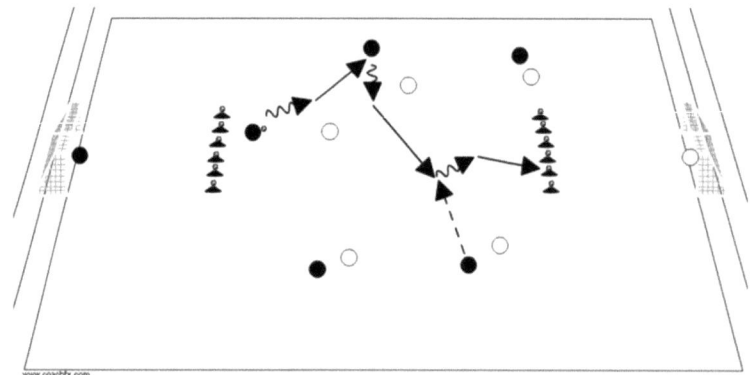

www.coachfx.com

- Bei dem folgenden Abschlussspiel wird sehr stark die fußballspezifische Ausdauer trainiert.

Mehrere kleine Tore mit Pylonen werden in einer Spielfeldhälfte aufgebaut. Es spielen mindestens „6 gegen 6". Der Ball soll durch ein Tor gespielt werden, wobei ein Mitspieler diesen Ball hinter dem Tor annehmen muss, damit ein reguläres Tor erzielt wird. Die Spieldauer beträgt etwa 10 Minuten.

Der Trainer muss darauf achten, dass alle Spieler ständig in Bewegung sind, und nicht permanent hinter einem Tor auf das Anspiel warten.

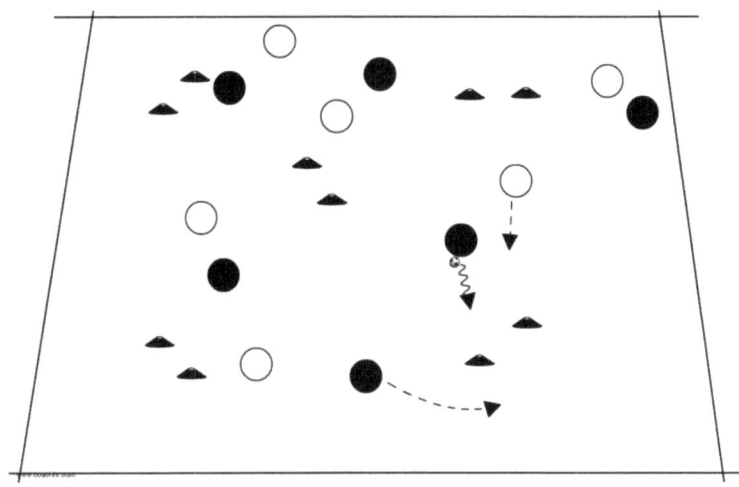

237

 # Weitere Wettkampf- und Abschlusssp.

-- Bei der nächsten Übung wird 5 bis 7 gegen 5 bis 7 auf ein großes und 2 besetzte kleine Tore gespielt (siehe unten). Erobert eine Mannschaft den Ball in der eigenen Spielfeldhälfte, müssen in dieser erst vier Pässe gespielt werden, bevor in die gegnerische Hälfte gepasst werden darf.

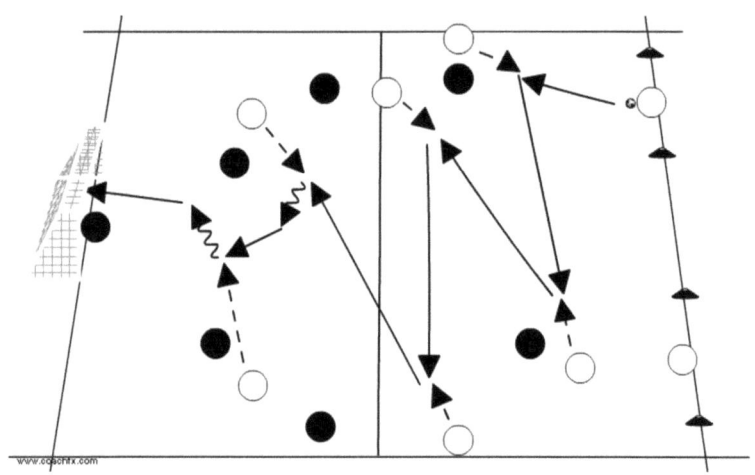

 # Weitere Wettkampf- und Abschlusssp.

-- In dem nächsten Abschlussspiel trainieren wir den Konter und das schnelle Umschalten von Abwehr auf Angriff.

Übungsaugbau: Halbes Spielfeld (hier ist natürlich auch ein 6 gegen 5 oder 7 gegen 5 möglich). Ein Tor an der Grundlinie und 2 Hütchentore an der Mittellinie (siehe untere Skizze).

Übungsablauf: Die Mannschaft in Überzahl muss nach 5 Pässen (plus Dribbeln nach vorn) ohne Torerfolg den Ball an die gegnerische Mannschaft abgeben.
Hier sollen schnelle Pässe gespielt werden!!! Querpässe sollten vermieden werden, Rückpässe sind verboten.
Den Spielern muss hier das schnelle Umschalten von Abwehr auf Angriff klar gemacht werden.

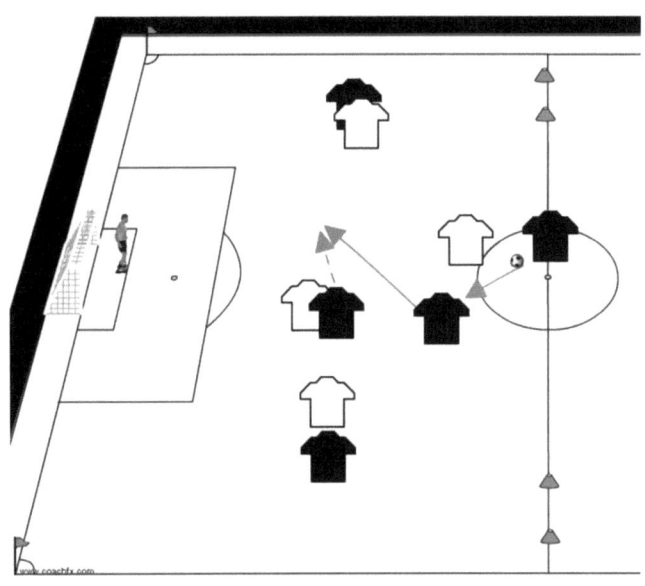

-Weitere Übung zur Schulung des Konterspiels.

Übungsaufbau: siehe nächste Seite
- Ganzes Spielfeld
- 2 Teams mit jeweils 5-7 Spielern bilden
- Alle Spieler befinden sich in einer Hälfte, dessen Tor nicht besetzt ist.

Übungsablauf:

Die beiden Mannschaften spielen „auf Ballhalten" gegeneinander in einer Spielfeldhälfte.

Auf ein Trainerkommando versucht die Mannschaft in Ballbesitz einen schnellen Konter auf das mit einem Torwart besetzte Tor.

Die andere Mannschaft versucht den Konter abzufangen.

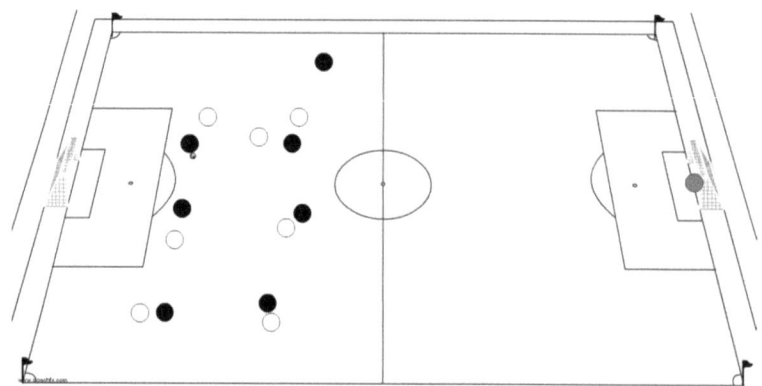

Leichte elementare fußballspezifische Übungen

Beginnen wir an dieser Stelle mit einer wichtigen technischen Grundübung, die ab der F-Jugend regelmäßig in den Trainingsbetrieb aufgenommen werden sollte. Sie schult den perfekten direkten Rückpass nach dem Einwurf oder einem maximal halbhohen und leichtem Zuspiel.

Sie kann auch als Aufwärmübung permanent ab der F-Jugend eingebaut werden. Ab der D-Jugend wird die jetzt beschriebene Übung auch mit einem Einwurf trainiert, und nicht mehr nur von unten zugeworfen. Ab dieser Altersklasse (ab 12 Jahre) kann zum Aufwärmen zum Beispiel das Sprinter ABC zuerst erfolgen, und dann die jetzt beschriebene Übung:

Die Fußballer der F-Jugend bilden 2er Gruppen, die in diesem Alter vier bis fünf Meter entfernt voneinander sich frontal gegenüber stehen (bei der E-Jugend sind es fünf bis sechs Meter). Ein Spieler ist in Ballbesitz, und wirft seinem Mitspieler den Ball von unten halbhoch oder etwas flacher zu. Dieser soll den Ball direkt mit der linken oder rechten Innenseite zurückspielen. Dieser erste Durchgang dauert ein bis zwei Minuten, dann wird gewechselt.

Danach erfolgt die gleiche Übung, aber der Rückpass muss nun mit dem linken oder rechten Vollspann getätigt werden. Bauen sie diese Übung immer nur kurz ein, damit keine Langeweile entsteht. Diese kurze Technikschulung werden ihnen die kleinen Fußballer einmal sehr danken. Als Senioren können sie zum Beispiel einen Einwurf immer direkt zurückpassen. Ab der C-Jugend wird dies auch mit dem Kopf trainiert.

Weitere Topübung zum elementaren Techniktraining

Die nächste Übung ist eine elementare Technikübung, und sollte erst ab der E-Jugend praktiziert werden.

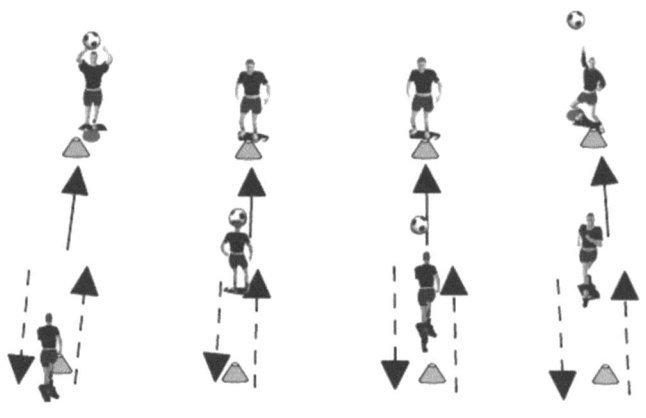

Unsere Topübung zum Techniktraining ab der älteren E-Jugend

Nahezu jede der hier aufgeführten Schuss- und Kopfballtechniken kann mit dieser Übung trainiert werden.

Übungsaufbau:
2 Hütchen werden im Abstand von 15 bis 20 Metern aufgestellt. Jedes Hütchen wird mit einem Spieler besetzt. Eine Seite mit Ball, die andere ohne Ball.

# Weitere Trainingsübungen

Übungsablauf:

Der Spieler ohne Ball trabt in Richtung seines Übungspartners, der ihm den Ball z.B. hüfthoch entgegenwirft. (Der Ball sollte so geworfen werden, dass er ca. 5 Meter vor dem Werfenden angenommen oder zurückgespielt werden kann.) Der Spieler ohne Ball spielt den Ball, in unserem Beispiel, direkt mit dem Innenriss zurück. Danach trabt er wieder in Richtung seines Hütchens und wendet an diesem. Jetzt läuft er wieder in Richtung seines Übungspartners und wiederholt die Übung 5 - 10 mal. Danach werden die Aufgaben getauscht. Hier können viele Techniken geschult werden mit je 5 - 10 Wiederholungen. Zwischen den einzelnen Übungen kann der Aufbau für einen Wettkampf genutzt werden. Hier startet ein Spieler (mit oder ohne Ball) in Richtung seines Übungspartners und wendet an dessen Hütchen. Danach läuft er wieder zurück und wendet am eigenen Hütchen.

Welches Team schafft in einer Minute die meisten Runden? Danach geht es wieder weiter mit der nächsten Technikschulung usw.

 # Weitere Trainingsübungen

Steigerung dieser Technikübung ab der technisch höchst geschulten E-Jugend

Der Übungsaufbau bleibt dergleiche, allerdings werden nun beide Hütchen mit einem Spieler besetzt und ein dritter Spieler steht in der Mitte von den Hütchen.
Die Spieler an den Pylonen besitzen jeweils einen Ball.

Übungsablauf:

Der Spieler ohne Ball trabt in Richtung eines Übungspartners, der ihm den Ball z.B wieder. hüfthoch entgegenwirft. Der Spieler ohne Ball spielt den Ball erneut mit dem Innenriss zurück, dreht sich um 180 Grad, und läuft nun in Richtung des anderen Spielers. Dieser wirft ihm den Ball ebenfalls zu, und der Übungsablauf wiederholt sich mehrere Male. Danach wird der Spieler in der Mitte immer wieder gewechselt.

Variation: Der Übungsablauf ist im Prinzip dergleiche. Diesmal passen die Spieler an den Hütchen den Ball flach zu. Der Spieler in der Mitte spielt mit dem Innenriss direkt und flach zurück, läuft dann in Richtung des anderen Spieler usw.

Weitere Trainingsübungen

Spezielle Einleitungsübung mit Training einiger Grundtechniken

Vor einem Zuwerfer stehen mehrere Spieler in einer Art Halbkreis. Je nach Alter beträgt die Entfernung zum Zuwerfer vier bis acht Meter. Hinter dem Zuwerfer liegen ausreichend Ersatzbälle, falls es zu verunglückten Aktionen kommen sollte. Nun wirft der Zuwerfer den Ball einem Mitspieler zu. Dieser soll den Ball direkt und genau zum Zuwerfer zurückpassen. Danach ist der nächste Spieler aus dem Halbkreis dran. Der Rückpass erfolgt mit der Innenseite, dem Vollspann, Oberschenkel, der Brust oder mit dem Kopf. Nach kurzer Zeit wird der Zuwerfer ausgetauscht und auch folgende beschriebene Variationen durchgeführt:

- Beim Zuwerfen wird eine bestimmte Reihenfolge nicht mehr eingehalten.

- Der Zuwerfer gibt vor, wie der Ball zurückgepasst werden muss..

- Der Ball darf nur mit dem linken Fuß zurückgespielt werden.

- Als letzte Variante steht hinter den Spielern des Halbkreises ein weiterer Mitspieler mit Bällen. Nachdem ein Spieler aus dem Halbkreis den Ball zurückgespielt hat, dreht er sich um 180 Grad, bekommt einen Ball flach zugespiellt und muss ihn direkt zu dem zweiten Zuspieler zurückpassen (abwechselnd mit der linken und rechten Innenseite).

245

Weitere Trainingsübungen

Liniendribbeln

Übungsaufbau und Ablauf: siehe Grafik

Die hellen Spieler versuchen ihre jeweilige Linie zu verteidigen. Die dunklen Spieler versuchen durch beide Linien zu dribbeln.

Gelingt dieses, gibt es 2 Punkte.

Wird nur eine Linie durchdribbelt, gibt es einen Punkt, sonst keinen. Nach einiger Zeit werden die Aufgaben gewechselt.

Welches Team bekommt die meisten Punkte?

 # Weitere Trainingsübungen

Nun beschreiben wir eine Übung zum Dribbeln und Passen.

Übungsaufbau und Ablauf: siehe Grafik

Es werden Paare mit jeweils einem Ball gebildet.

Der Spieler mit Ball dribbelt zum nächsten Hütchentor und passt dem mitgelaufenen Partner den Ball durch das Hütchentor zu.

Dieser dribbelt jetzt zum nächsten Hütchentor und passt den Ball wieder durch das Tor zum Mitspieler usw.

www.coachfx.com

Bei der nächsten elementaren Übung passen sich die Kinder den Ball abwechselnd mit der linken und rechten Innenseite zu. Der Ball wird zuerst gestoppt und dann direkt gespielt, wobei er durch zwei Hütchen gepasst werden soll. Die Entfernung ist abhängig vom Trainingszustand.

Weitere Trainingsübungen

Dribbling mit Torabschluss

Je nach Spieleranzahl werden ein bis zwei 20 x 10 m große Felder errichtet (siehe untere Abbildung). Jedes Feld mit zwei besetzten Jugendtoren bestückt.

An der rechten Torauslinie beider Tore stehen mehrere Kinder mit jeweils einem Ball hintereinander. Das jeweils erste Kind dribbelt auf das gegenüberliegende Tor zu und schießt aus einer Entfernung von 7 – 15 Metern auf das Tor. Die Entfernung ist vom Alter und der Schusskraft abhängig. Danach holen die Kinder ihren Ball zurück und stellen sich auf der anderen Seite wieder an.

Nach einigen Minuten wird aus dieser Übung ein Wettkampf erklärt:

Welches Kind erzielt zuerst fünf Tore?

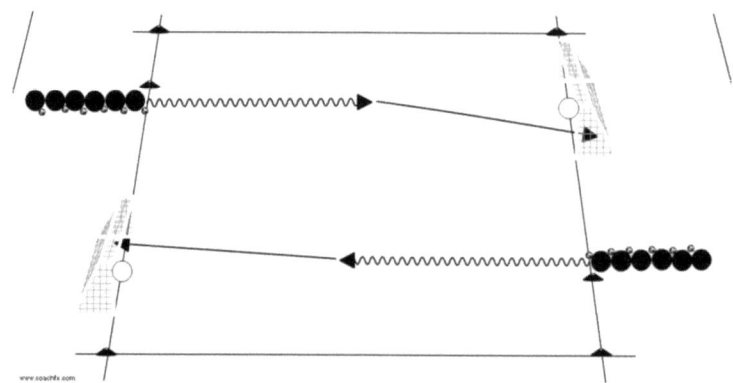

Ausnutzen von Torchancen

Es werden zwei Gruppen mit je drei oder mehr Spielern gebildet. Die eine befindet sich etwa 15 Meter vor dem Tor, die
andere neben dem Tor.

Ein Spieler spielt einen Pass zu B (neben dem Tor) und läuft
ihm entgegen. Der Schütze soll nun im absoluten Tempo-
dribbling aus dem 1 gegen 1 zum Torabschluss kommen usw.

Variation: Der Stürmer darf jetzt auch direkt schießen.

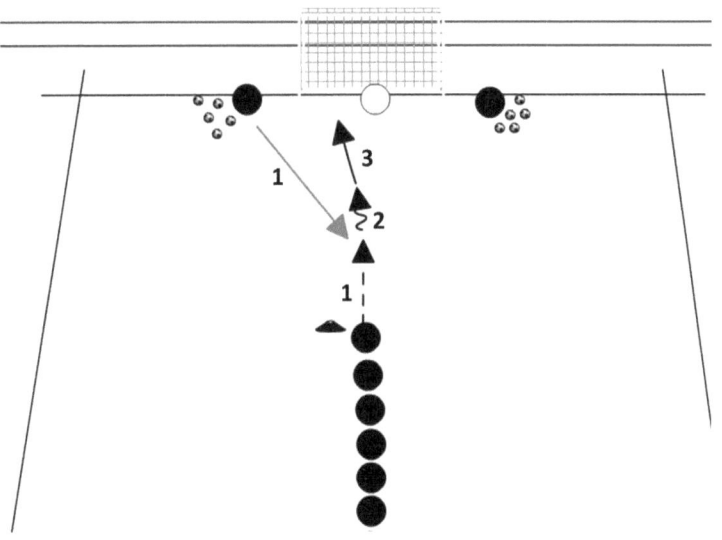

- Hier erfolgt die gleiche Übung von der rechten und linken Seite. Die kleinen Fußballer laufen wieder mit höchster Geschwindigkeit auf das gegnerische Tor (Torentfernung in diesen Altersgruppen 10 bis 15 Meter) zu. Sie suchen aber mit dem diagonalen Laufweg zum Tor den kürzesten Weg.

Tipp: Achten Sie darauf, dass die Kinder im Moment des Torschusses auf den Ball schauen, ansonsten wird der nicht optimal getroffen. Die jungen Spieler müssen dies sofort erlernen, wie auch die richtige Position des Standbeines. Das Anvisieren des Zieles erfolgt kurz vor dem Torschuss (Auge-Fuß-Koordination).

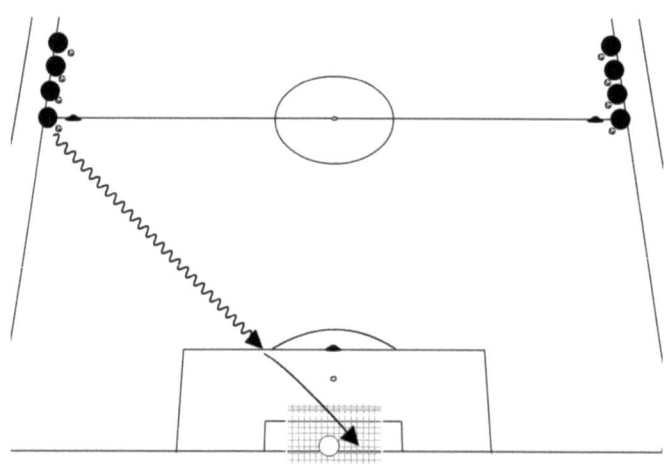

- Die gleichen Übungen werden durchgeführt, aber diesmal mit einem Gegenspieler, der etwa 10 Meter vor dem Tor steht. Dieser soll umspielt werden, wobei er zuerst nur „teilaktiv" einschreitet, im weiteren Verlauf der Übung aber wie in einem Wettspiel eingreift (natürlich ohne „Notbremse").

Weitere Trainingsübungen

- Die kleinen Fußballer stehen etwa 25 Meter vor dem Tor wie in der unteren Abbildung. Die Spieler in der Mitte befinden sich in Basllbesitz. Der erste Spieler aus dieser Gruppe spielt den Ball direkt zu einem Mitspieler auf der linken oder rechten Seite. Der Passgeber läuft direkt Richtung gegnerischem Tor und erwartet die Flanke. Diese wird direkt oder nach einer kurzen Annahme verwertet. Auch das Ausspielen des Keepers ist erlaubt. Nach dieser Aktion schließen sich die beiden Akteure einer anderen Gruppe hinten wieder an, und das nächste Paar startet.

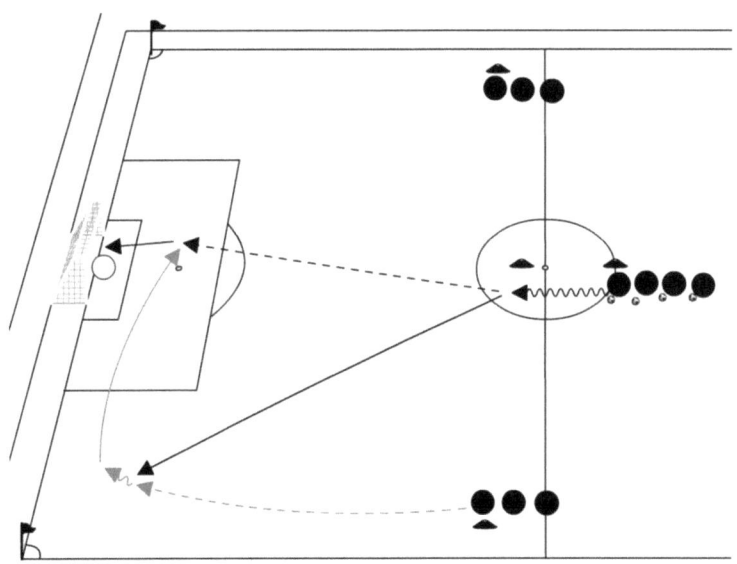

 # Weitere Trainingsübungen

Rollen und Schießen

Diese elementare Schussübung eignet sich ideal für ein Stationentraining. Hierbei werden vier Spieler beschäftigt. Die einzelnen Positionen werden regelmäßig (einschließlich Torwart gewechselt). Der Torwart rollt den Ball zum ersten Spieler (siehe Abbildung), dieser schießt direkt auf das Tor und der Torwart versucht, den Ball zu halten. Danach rollt der Torwart einen Ball zum nächsten Spieler usw. Die Bälle liegen natürlich weit im Tornetz, damit der Keeper nicht behindert wird.

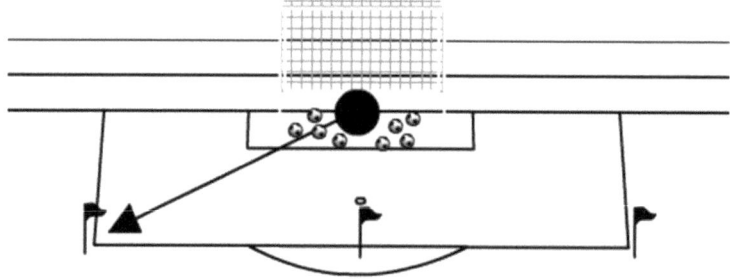

 # Weitere Trainingsübungen

Variation und Erhöhung des Schwierigkeitsgrades der vorhergehenden Übung ab der E-Jugend

Alle Bälle befinden sich nun beim Spieler in der Mitte. Dieser spielt den Ball flach zum Keeper. Der nimmt den Ball mit beiden Händen auf und rollt ihn dann flach zu einem der äußeren Spieler. Der schießt wiederum direkt auf das Tor usw. Die Torschussentfernung wird natürlich dem Alter entsprechend angepasst.
Nach einigen Minuten mit entsprechendem Positionswechsel wird der Schwierigkeitsgrad noch einmal gesteigert. Jetzt nimmt der Torwart den Ball nicht mehr auf, sondern spielt ihn direkt mit der Innenseite zum Torschützen.

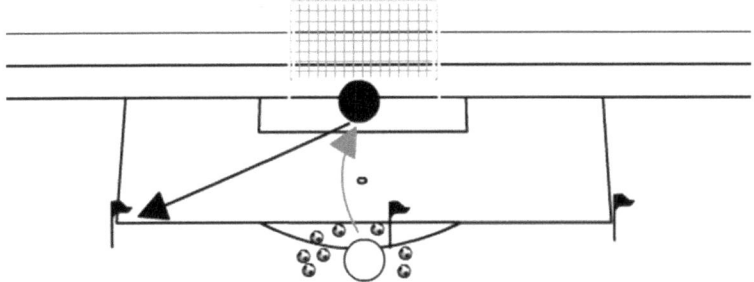

# Weitere Trainingsübungen

Übungsaufbau: Spielfeldgröße, je nach Leistungsstand, jedoch nicht zu klein halten. 2 Tore mit Torhütern besetzen. 2 gleichgroße Mannschaften bilden und diese jeweils an der Toraußenlinie positionieren. Jeder Spieler erhält eine Nummer (bei 8 Spielern werden die Nummern von 1-4 verteilt). Der Trainer stellt sich in Höhe der gedachten Mittellinie mit Bällen an der Seitenlinie auf.

Übungsablauf: Der Trainer ruft eine oder mehrere Zahlen auf und wirft einen Ball ins Spielfeld. Die Spieler mit der entsprechenden Nummer starten zum Ball und versuchen den Gegenspieler so schnell wie möglich auszuspielen und aufs Tor abzuschließen. Dauert das Dribbling zu lange, bricht der Trainer den Versuch ab und ruft die nächsten Spieler auf.
Wichtig bei dieser Übung ist die schnelle Ausführung des Zweikampfes unter Anwendung aller möglichen Finten.

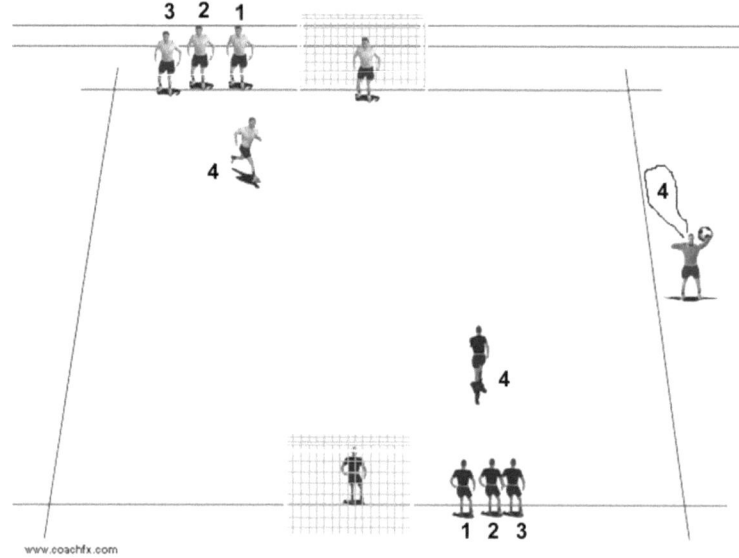

 # Weitere Trainingsübungen

Multiples Angreifen

Drei Spieler einer Mannschaft laufen jeweils mit einem Ball auf ein unbesetztes Tor zu. Sie sollen die Bälle ins Tor befördern. Dies versuchen, zwei bis drei Abwehrspieler zu verhindern. Jeder Ball im Tor bedeutet einen Punkt für die angreifende Mannschaft. Jeder Ball, der von den Verteidigern ins Aus geschossen wird, ergibt einen Punkt für diese Mannschaft. Stürmer, die ihren Ball verloren oder ins Tor befördert haben. dürfen nun mit ihren Mitspielern gemeinsam agieren. Beliebiges Passspiel ist jetzt erlaubt. Welche Mannschaft holt die meisten Punkte. Nach dem ersten Durchgang erfolgt natürlich ein Rollentausch.

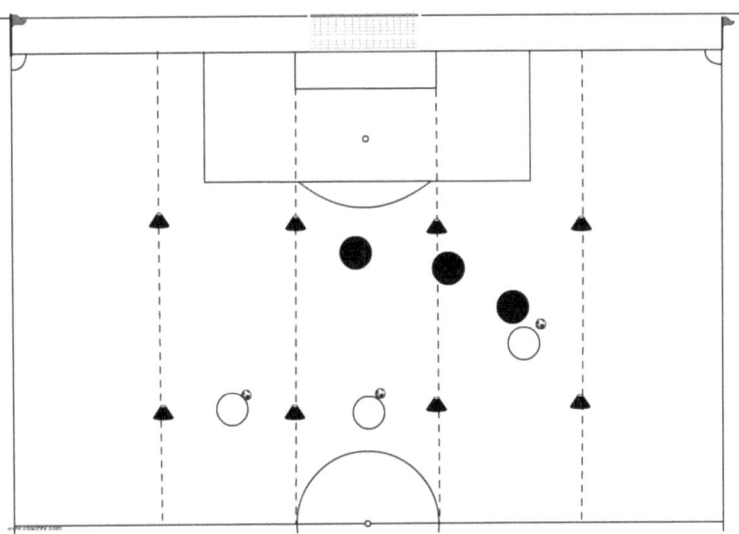

Die hier beschriebene Übung ist eine elementare Torschuss-
übung. Das Tor ist besetzt, ein Anspieler steht mit mehreren
Bällen etwa 12 Meter vor dem Tor. Er "füttert" vier Angriffsspieler wie auf der oberen Skizze dargestellt. Die Reihenfolge des Anspiels wird nicht vorgegeben. Der Stürmer,
der den Ball erhält, soll den Ball im Lauf annehmen und mit
höchster Geschwindigkeit in Richtung Tor laufen. Hier hat er
nun zwei Optionen. Entweder er schießt den Ball auf das Tor
(Torentfernung für diese Altersgruppe etwa 10 Meter) oder
spielt den Torwart vorher aus. Haben alle vier Sürmer ihren
Angriff beendet, wird die Übung mit veränderten Rollen wiederholt.

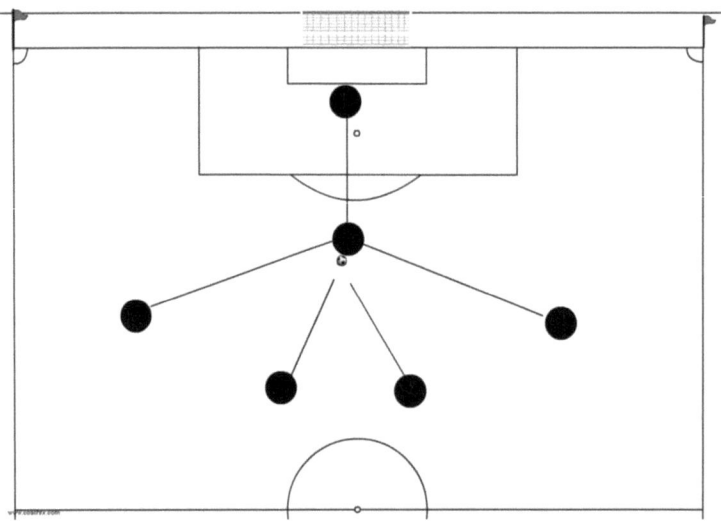

Weitere Trainingsübungen

Diverse Torschussübungen

Bei der folgenden Übung werden zwei besetzte Jugendtore, zwei Koordinationsleitern oder viele Stäbe (lange Bänder gehen auch) benötigt (siehe folgende Abbildung nächste Seite).

20 – 25 Meter vor jedem Tor stehen die Fußballer hintereinander in einer Reihe. Die ersten Spieler jeder Gruppe laufen an, nach einigen Metern müssen sie kleine Trippelschritte, möglichst schnell, durch die Koordinationsleiter (bzw. Bänder, Stangen) absolvieren. Nach dem Trippeln werden sie von einem Anspieler mit einem Ball bedient, und schießen aus etwa 10 – 15 Metern auf das Tor. Die Torentfernung richtet sich natürlich nach der vorhandenen Schusskraft.

Nach dem Schuss läuft der nächste Spieler an, und der Schütze bringt den Ball zum Anspieler zurück.

Variation: Vor der Koordinationsleiter werden noch mehrere Markierungshütchen hintereinander, und in einem Abstand von etwa einem Meter aufgebaut. Diese sollen vor der Koordinationsleiter mit höchster Geschwindigkeit in Slalomform durchlaufen werden.

Zusätzliche Variationen:

- Die Übung wird in Wettkampfform gespielt. Welche Mannschaft erzielt zuerst 10 Tore?

- Es darf nur mit dem linken Fuß geschossen werden.

- Die Schusstechnik wird vorgegeben usw.

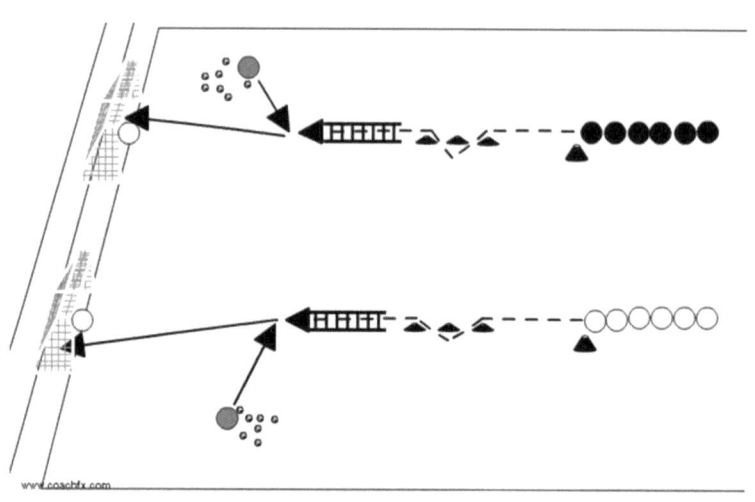

 # Weitere Trainingsübungen

- Die nächsten drei Übungen beinhalten ein **Schusstraining unter Bedrängnis**.

Die Spieler stehen etwa 30 Meter vor dem Tor (mit Torwart) in zwei Gruppen hintereinander und 2 – 3 Meter auseinander. Dazwischen steht der Trainer oder die Trainerin mit vielen Bällen und schießt einen Ball möglichst gerade Richtung Tor mit entsprechender Stärke (die Kinder sollen den Ball ja spätestens 10 Meter vor dem Tor bekommen). Die beiden ersten Fußballer jeder Gruppe kämpfen nun um den Ball und sollen schnell den Torabschluss suchen. Danach bringen sie den Ball zum Trainer zurück und stellen sich hinten wieder an. Die Übungsdauer wird auf 5 – 6 Minuten (gilt auch für die folgenden Übungen) begrenzt und muss in schneller Abfolge durchgeführt werden. Bei sehr vielen Kindern wird ein zweites Tor mit Torwart eingesetzt (Betreuer oder Elternteil springt hier mit ein).

- Zwei Hütchen werden versetzt etwa 30 Meter vor dem Tor aufgestellt und wieder zwei Gruppen gebildet. Auf ein Trainerkommando starten die ersten Spieler jeder Gruppe. Der weiße Spieler mit Ball sucht den Torabschluss, der Schwarze versucht, ihn daran zu hindern oder sogar selbst abzuschließen.

 # Weitere Trainingsübungen

Die beiden ersten Spieler starten nun auf ein Trainerkommando, umlaufen die Fahnen und kämpfen um den Pass des Trainers mit entsprechendem Torabschluss.

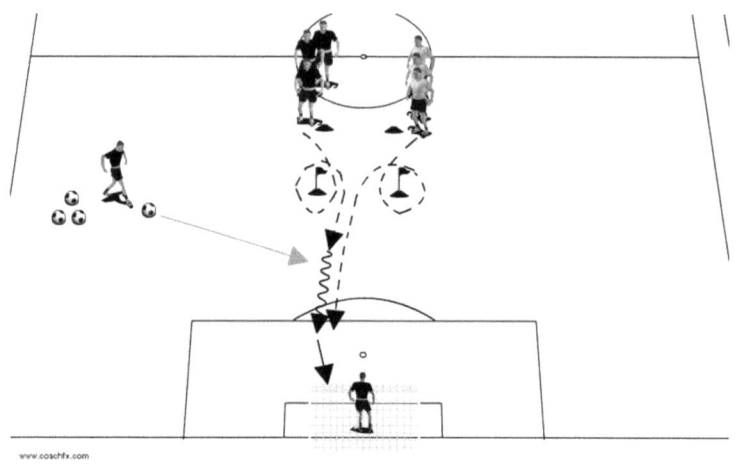

 # Weitere Trainingsübungen

Hier stellen wir eine interessante Übung zur Schulung des Innenspannstoßes für F- bis D-Jugend vor.

Bei dieser Übung laufen die Kinder parallel zur Toraußenlinie seitlich zum Tor an. Die Entfernung muss dem Alter und dem Leistungsstand entsprechend angepasst sein (Entfernung zum Tor etwa 10 – 15 Meter). Eine Gruppe läuft von links an und schließt dementsprechend mit dem rechten Fuß ab, die andere Gruppe von rechts und schließt mit dem linken Fuß ab. Die beiden Gruppen wechseln sich ab und tauschen nach einiger Zeit auch komplett die Seiten (beim Abschluss mit links kann die Torentfernung auch weniger als 10 Meter betragen, wegen der mangelnden Schusskraft für die meisten im linken Fuß). Es darf nur mit dem Innenspann abgeschlossen werden. Der Trainer oder die Trainerin markiert mit kleinen Pylonen die Torschusshöhe (sehr zentral vor dem Tor).

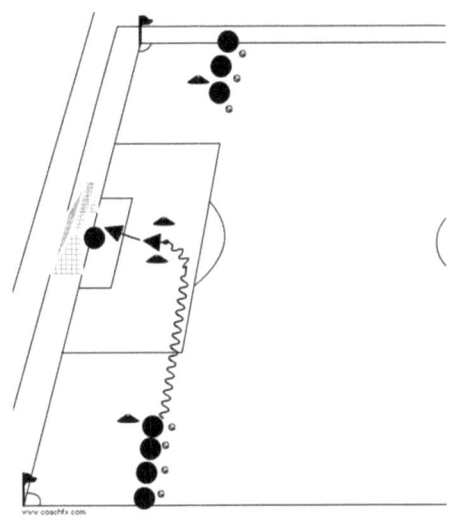

# Weitere Trainingsübungen

Leichte Torschussübung

25 Meter vor einem Tor werden drei Gruppen gebildet. Die Spieler jeder Gruppe stehen hintereinander. Jeder Spieler ist in Ballbesitz. 10 bis 15 Meter vor dem Tor, je nach Schusskraft, wird eine Schusslinie eingerichtet. Der Trainer/in benennt die Gruppen mit 1,2 und 3. Nun wird eine Gruppe aufgerufen. Der erste Spieler dieser Gruppe dribbelt in Richtung Tor, und schließt spätestens an der Schusslinie ab. Kurz vor dem Torschuss ruft der Trainer oder die Trainerin die nächste Gruppe auf, und der betroffene Spieler startet sofort zum Torschuss usw..Nach jedem Torschuss müssen sich die Schützen einer anderen Gruppe anstellen.

Variationen

- Der Ball wird in der Hand getragen, und mittels eines Volleyschusses (Vollspann) auf das Tor „geknallt".

- Es muss mit dem schwächeren Bein geschossen werden.

Weitere Trainingsübungen

Übungsreihe zur Schulung des Innenseitstoßes

Die kleinen Fußballer werden in Gruppen mit jeweils fünf Kindern aufgeteilt. Vier Kinder bilden ein Rechteck oder Kreis um das fünfte Kind mit Ball. Der Abstand des zentralen Kindes zu den anderen beträgt etwa fünf Meter.

Auf Kommando spielt das Kind im Zentrum den Ball zum ersten Kind im Kreis, erhält den Ball zurück, spielt ihn weiter zum nächsten und bekommt ihn wieder zurück usw. Der Ball soll direkt gespielt werden, wenn der Leistungsstand dies erlaubt.

Nach kurzer Zeit wird gewechselt.

- Gleiche Übung, aber jetzt darf der Ball nur noch mit links gespielt werden.

- Gleiche Übung, aber jetzt ist eine Reihenfolge nicht mehr vorgegeben.

- Jetzt spielen die Kinder „5 gegen 2" oder eine andere Form mit mehreren Ballkontakten, zwei Ballkontakten oder zum Schluss auch direkt. Die Spielform ist hier sehr stark abhängig vom Leistungsstand.

Erkämpfen die beiden Spieler in der Mitte den Ball, darf der Spieler den Kreis verlassen, der sich dort länger aufgehalten hat.

- Die Kinder passen sich den Ball abwechselnd mit der linken und rechten Innenseite zu. Der Ball wird zuerst gestoppt und dann direkt gespielt, wobei er durch zwei Hütchen gepasst werden soll. Die Entfernung ist abhängig vom Trainingszustand. An dieser Station trainieren ein bis zwei Paare.

Anspruchsvolle Übung ab einer leistungsstarken E-Jugend

Die folgende Übung trainiert hervorragend das schnelle Umschalten von Angriff auf Abwehr und umgekehrt für den Mittelfeldbereich.

Es wird ein Feld abgesteckt von 30 – 40 Metern Länge und 15 – 20 Metern Breite. Das Feld wird in drei gleich große Bereiche gedrittelt.

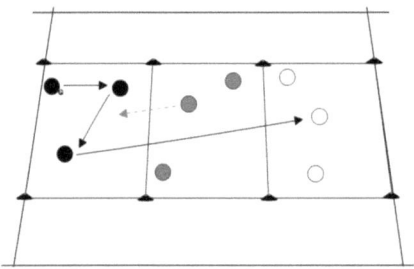

Es werden nun drei Dreierteams gebildet, die sich wie auf dem Bild dargestellt, verteilen.

Die Mannschaft in der Mitte spielt gegen die beiden äußeren Teams.

Eine äußere Mannschaft ist in Ballbesitz, und spielt sich im eigenen Feld die Bälle zu. Ein Verteidiger der mittleren Mannschaft darf nun in dieses Feld laufen und versucht, den Ball zu bekommen oder ins Aus zu befördern.

Die Mannschaft in Ballbesitz darf den Ball jetzt aber auch zu den Mitspielern im zweiten äußeren Feld flach oder hoch passen. Die beiden anderen Spieler in der Mitte sollen diesen Pass aber abfangen.

Gelingt der weite Pass, kehrt der Verteidiger in die Mitte zurück und ein anderer Verteidiger attackiert die andere

Weitere Trainingsübungen

Außenseite, und das Spiel geht mit den gleichen Spielregeln weiter.

Gelingt den Verteidigern eine Balleroberung oder sie können den Ball ins Aus befördern, wechselt die mittlere Mannschaft in ein äußeres Feld.

Die äußere Mannschaft, die den Ball verloren hat, muss nun in der Mitte verteidigen usw.

Die folgende Übung ist nur für die ältere E-Jugend mit hohem Leistungsniveau möglich. Die Entfernungen müssen dem Kleinfeld angepasst werden.

Flanken aus einer Spielkombination (ab D-Jugend)

Übungsaufbau: 4 Hütchen, wie in der folgenden Grafik, aufstellen. An allen Hütchen, außer dem an der Außenlinie, gleichgroße Gruppen bilden. Die Spieler in der Höhe des Mittelkreises erhalten alle jeweils einen Ball.

Übungsablauf: Auf ein Trainerkommando dribbelt der erste Spieler mit Ball in Richtung seines Mltspielers und passt diesen an. Der Mitspieler läuft dem Ball entgegen und lässt das Anspiel abklatschen. Der erste Spieler passt den Ball direkt weiter auf seinen Außenstürmer, der auch beim Trainerkommando gestartet ist. Er nimmt den Ball an, dribbelt weiter bis zum Hütchen, und flankt auf seine beiden Mitspieler, die in den Strafraum gesprintet sind.

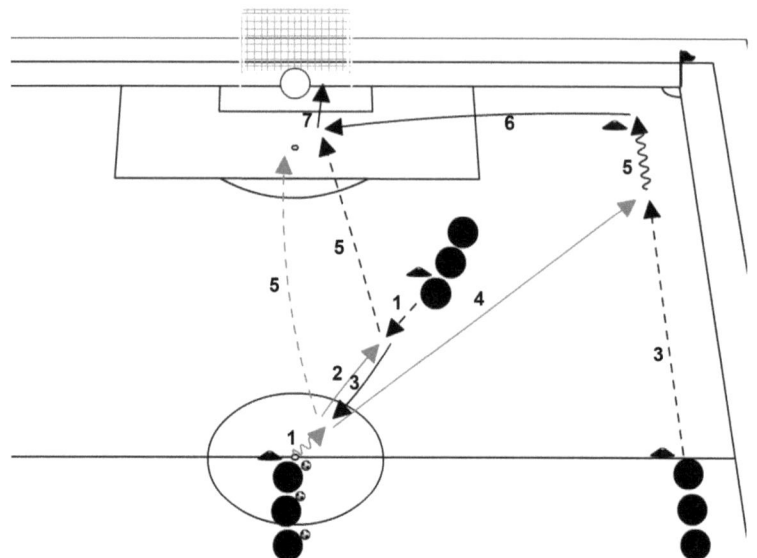

266

Weitere Trainingsübungen

Pass, Ballannahme und Torschuss unter Bedrängnis

20 bis 25 Meter vor dem besetzten Tor wird jeweils eine Pylone rechts und links aufgestellt. Diese sind 20 Meter voneinander entfernt. Neben jedem Markierungshütchen stehen mehrere Spieler hintereinander. Die auf der linken Seite sind in Ballbesitz. In der Mitte werden zwei Pylonen mit einem Abstand von einem Meter hingestellt, aber einen Meter gegenüber den Starthütchen nach hinten versetzt.

Der erste Passgeber spielt zum ersten Spieler der anderen Gruppe. Dieser nimmt den Ball an, und läuft Richtung Tor. 10 bis 12 Meter vor dem Tor soll mit einem Torschuss abgeschlossen werden. Ganz so leicht wird es aber für den Schützen nicht. Der Passgeber wird nämlich sofort zu seinem Gegenspieler.

Denn nach dem Pass muss er sofort das Hütchentor durchlaufen, läuft dann dem anderen Spieler hinterher, und soll ihn aktiv am Torschuss hindern. Danach ist natürlich die nächste Gruppe an der Reihe. Nach jedem Durchgang werden selbstverständlich die Aufgaben und Positionen gewechselt. Die Torwartposition gehört ebenfalls dazu.

Variationen

- Es muss mit dem linken Fuß abgeschlossen werden.

- Die Spieler auf der rechten Seite werden zum Passgeber.

- Bis zum Torabschluss darf der Ball nur dreimal berührt werden (diese Vorgabe ist nur bei der E-Jugend sinnvoll).

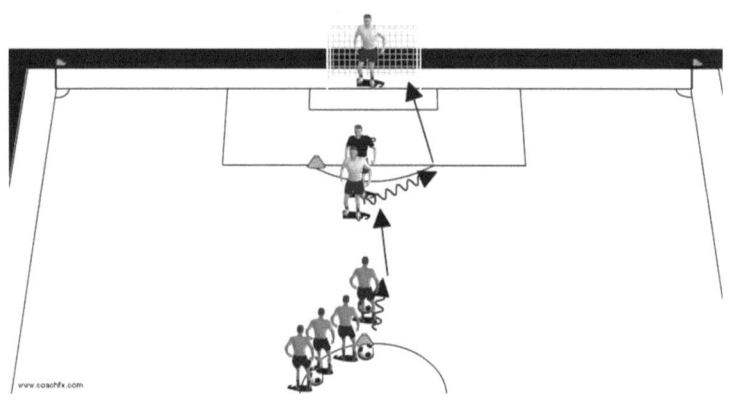

Angriff 2 gegen 1 mit Torabschluss

25 Meter vor dem Tor stehen mehrere Spieler hintereinander. Jeder hat einen Ball. 15 Meter vor dem besetzten Tor stehen ein Verteidiger und ein Stürmer zentral. Der erste Passgeber spielt den Stürmer an. Nach dem Anspiel darf der Verteidiger aktiv werden, und soll den Angriff stoppen. Passgeber und Stürmer sollen nun „irgendwie" zum Torerfolg kommen. Das kann durch Zusammenspiel oder ein Solo erfolgen. Nach dem Torabschluss oder „Klären" durch den Verteidiger erfolgt der nächste Angriff mit einem weiteren Passgeber. Allerdings wird gewartet, bis Verteidiger und Stürmer sich wieder in der Grundposition befinden. Alle drei Angriffe werden Torwart, Abwehrspieler und Stürmer ausgetauscht.

Weitere Trainingsübungen

- Die Übungsform wird mit zwei Verteidigern und zwei Stürmern ausgeweitet.

- Die Übungsform wird mit drei Verteidigern, zwei Stürmern und zwei Außenstürmern ausgedehnt. Nach dem zentralen Pass werden hierbei Passgeber und Außenstürmer aktiv. Die Außenstürmer starten hierbei von links und rechts auf der Höhe des Passgebers.

 # Weitere Trainingsübungen

Zwei Mannschaften werden gebildet. Die Spieler stehen jeweils hintereinander etwa 20 Meter vor einem Jugendtor, dass mit dem Trainer oder der Trainerin als Torwart besetzt ist. Jeder Spieler ist in Ballbesitz (nach Möglichkeit sind die Bälle jeder Mannschaft eindeutig zuzuordnen z.B. nach Farbe). Fast direkt vor dem „Startdribbler" jeder Mannschaft stehen jeweils vier Pylonen in einer Reihe hintereinander. Der Abstand der Markierungshütchen beträgt etwa einen Meter. Die Mannschaften sind etwa fünf Meter voneinander entfernt (siehe hierzu auch die nächste Abbildung).

Ablauf: Nach einem Trainerkommando laufen die „Startdribbler" los, führen den Ball Slalom durch die Pylonen,

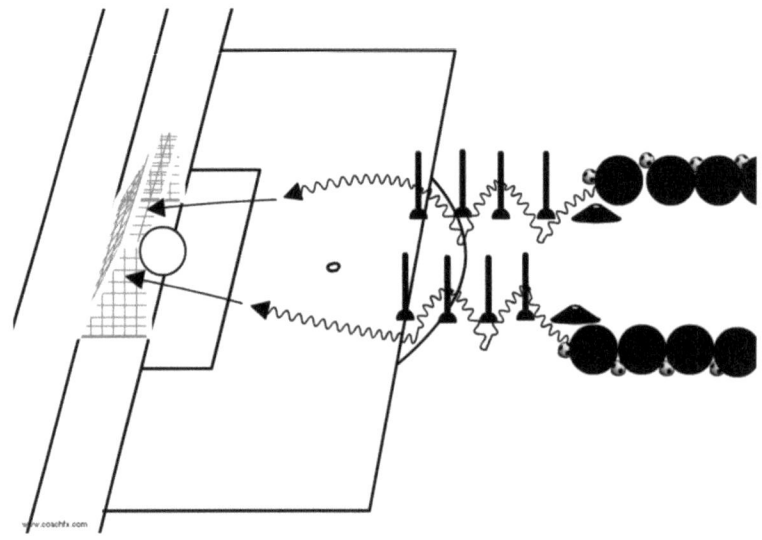

und schließen die Aktion mit einem Schuss aus 7 – 10 Metern ab. Die Entfernung wird hier wiederum der Schusskraft der Spieler angepasst. Der Trainer oder die Trainerin versucht die Bälle zu halten. Bei „Synchronschüssen" wird das allerdings sehr schwer.

Haben die „Startdribbler" geschossen, laufen die nächsten Kinder mit Ball los.

Fußballer, die ins Tor getroffen haben, beenden das Spiel, alle anderen müssen sich ihrer Mannschaft wieder hinten anstellen.

Die Mannschaft, die zuerst alle Bälle „versenkt" hat, ist Sieger.

Spielvarianten: Die Schusstechnik oder das Schussbein wird vorgegeben.

Weitere Trainingsübungen

Weitere Dribbel- und Torschussübungen

Es werden zwei Mannschaften gebildet (siehe nächste Abb.). Auf ein Startkommando laufen die Startläufer mit Ball los, durchdribbeln die Stangen. Dann durchlaufen sie das Tor innen (weiße Fahnen), umrunden die ausgewählte Fahne, müssen außen um die Pylone und dürfen jetzt zurückdribbeln oder passen. Der Ball darf erst zum nächsten Spieler gepasst werden, wenn sich der ballführende Spieler auf Höhe der letzten Stange befindet. Bei einem ungenauen Pass kann hier also Zeit verloren gehen. Die Mannschaft, die ihren letzten Dribbler mit Ball über die Startlinie bekommt, ist natürlich Sieger.

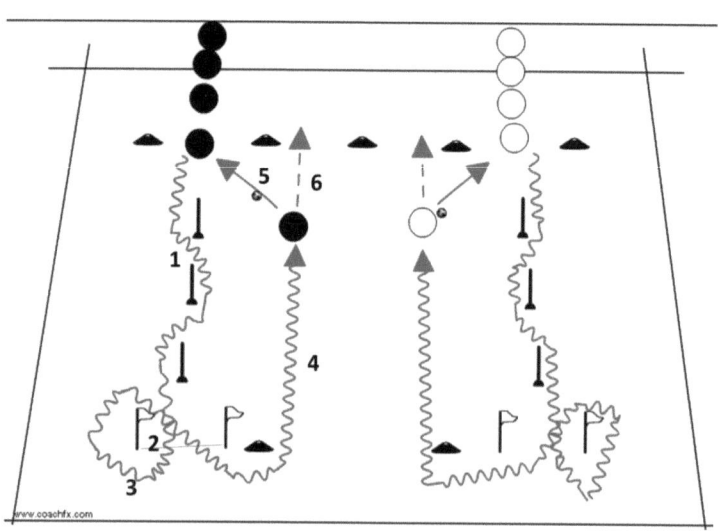

- Bei dieser Übung passt Spieler A zu Spieler B, dieser dribbelt mit dem Ball zu der Position von Spieler A und übergibt dem nächsten Spieler den Ball und stellt sich dort hinten an. Spieler A durchläuft die Fahnenstangen im Slalom mit höchster Geschwindigkeit und stellt sich auf der anderen Seite an usw.

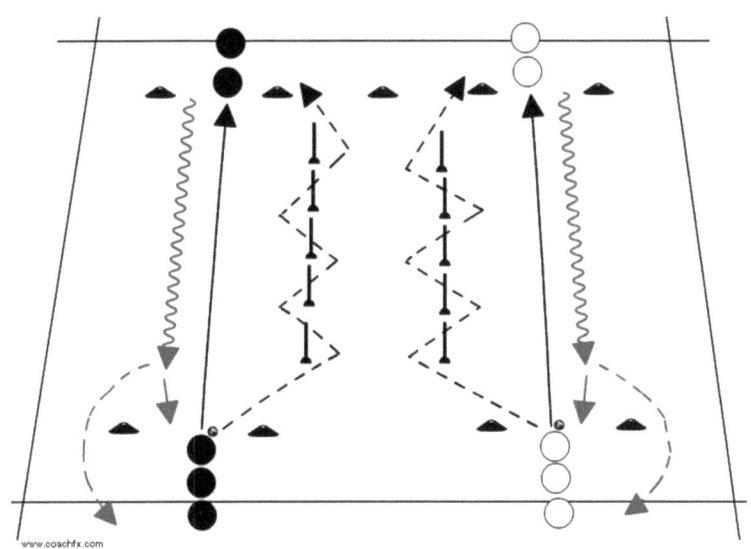

 # Weitere Trainingsübungen

Bei der nächsten Übung stehen die Spieler, jeweils mit Ball hintereinander in einer Reihe zentral etwa 25 Meter vor dem Tor. Der erste Fußballer läuft mit Ball los, durchdribbelt die hintereinander aufgestellten vier Fahnenstangen und schließt mit einem Torschuss aus 10 – 15 Metern ab. Er nimmt sich wieder seinen Ball und stellt sich in der Reihe wieder hinten an. Bei dieser Übung wollen wir eine hohe Frequenz erreichen und der nächste Spieler läuft schon los, bevor der vorhergehende geschossen hat. Bei dieser Übung steht der Trainer oder die Trainerin im Tor und bestimmt die Frequenz und Schusstechnik. Wir wollen hier den Innenseitstoß und Innenspannstoß trainieren.

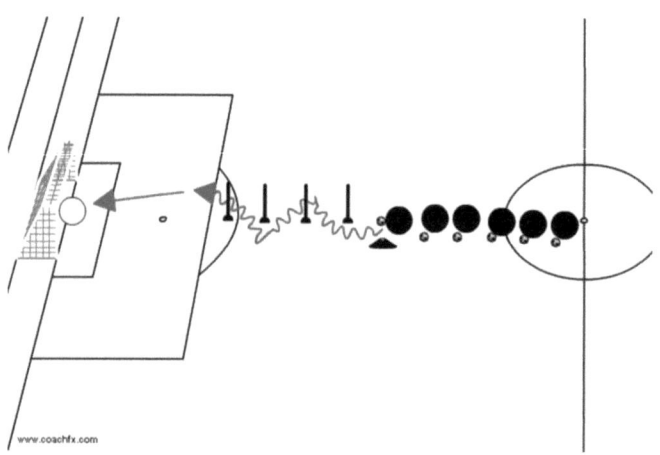

- Mit Pylonen werden zwei enge „Laufkanäle" geschaffen. Zwei Mannschaften werden gebildet, die sich hinter dem „Laufkanal" anstellen. Jeder Spieler ist in Ballbesitz. Auf ein Trainerkommando dribbeln die ersten Spieler mit höchstmöglicher Geschwindigkeit durch den „Kanal". Danach schießen sie aus einer Entfernung von etwa 7 – 12 Meter auf ein Minitor (siehe hierzu auch untere Abbildung). Jetzt startet das nächste Kind. Spieler, die getroffen haben, beenden den Wettkampf. Die anderen holen den Ball, und stellen sich ihrer Gruppe wieder an.

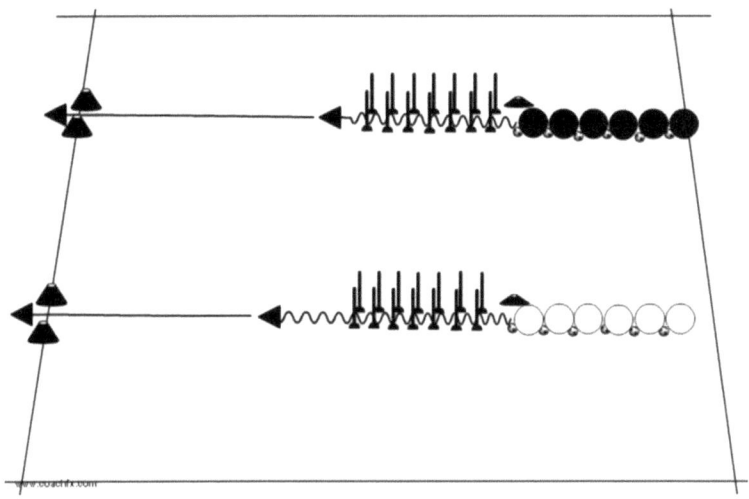

Welche Mannschaft „versenkt" zuerst alle Bälle?

275

Torschussübung mit zwei Toren gleichzeitig

Diese Übung macht den kleinen Fußballern einen Riesenspaß. Es werden zwei Tore nebeneinander aufgebaut, beide Tore sind besetzt und fünf Meter voneinander entfernt. Vor den Toren wird ein Feld von 25 x 30 Meter abgesteckt. Die Verteidiger stehen hintereinander zwischen beiden Toren.
Die Angreifer stehen in der Mitte auf der anderen Seite, hintereinander mit jeweils einem Ball, und außerhalb des abgesteckten Feldes.

Ablauf: Der Trainer oder die Trainerin ruft den ersten Stürmer und den ersten Verteidiger auf. Der Stürmer dribbelt ins Feld, und soll auf eines der beiden Tore erolgreich abschließen. Der Verteidiger rennt ihm schnellstmöglich entgegen, und versucht ihn daran zu hindern. Der Stürmer darf den Verteidiger ausspielen oder direkt schießen. Danach wird das zweite Paar aufgerufen usw.
Die Positionen werden häufig gewechselt.

Weitere Trainingsübungen

Weitere Dribbelübungen

Mit vier Pylonen wird ein 8 x 8 Meter großes Feld markiert. Mittig und etwa 8 Meter von jeder Quadratseite entfernt wird ebenfalls ein Markierungshütchen postiert und dient gleichzeitig als Starthütchen. An jedem stellt sich eine Gruppe hintereinander auf. Die Gruppen sind möglichst gleich groß, und jeder Spieler hat einen Ball.

Ablauf: Die ersten Spieler jeder Gruppe starten gleichzeitig, und sollen das Feld möglichst schnell mit enger Ballführung durchdribbeln. Kollisionen sollen vermieden werden. Die nächsten Spieler einer Gruppe starten, sobald der Vordermann das markierte Quadrat verlassen hat. Danach stellen sich die Dribbler der Gruppe gegenüber usw.

Diese Übung wird in jeder Variation auf zwei Minuten begrenzt, damit keine Langeweile entsteht.

Variation

- Es muss ausschließlich mit dem linken Fuß gedribbelt werden.

- Innerhalb des Feldes muss mit Ballführung eine Drehung von 360° eingebaut werden.

- Dribbelrennen: Auf ein Startkommando muss der erste Dribbler jeder Gruppe erst direkt an das Quadrat herandribbeln, und dann im Uhrzeigersinn möglichst eng das abgesteckte Feld umdribbeln. Schließlich geht er zu seiner Gruppe zurück, und der Ball wird an den nächsten Spieler übergeben. Welche Gruppe ist zuerst fertig?

- Jetzt wird der Wettkampf gegen den Uhrzeigersinn gestartet.

277

 # Weitere Trainingsübungen

Kleine Übungsreihe für Finten

Der Trainer oder die Trainerin erklärt Finten, die die Kinder mit Ball, und erst einmal nur mit imaginärem Gegner üben sollen. Die Übungsdauer wird auf 5 Minuten begrenzt.

In dieser Einheit werden zwei **leichte** Finten erklärt. Im Anschluss daran werden weitere Finten erklärt, die dann in anderen Trainingseinheiten trainiert werden sollen. So ergibt sich durch Austausch eine Vielzahl weiterer kompletter Trainingstage.

Zur Verbesserung und Einprägung dieser Techniken, sollten Finten natürlich in mehreren Einheiten wiederholt werden.

Die Art der Finten wird dem Alter und der Leistungsfähigkeit der Kinder angepasst.

 # Weitere Trainingsübungen

Wir stellen hier 2 einfache Finten vor:

Finte 1: Die Spieler dribbeln mit Ball, täuschen einen Schuss kurz vor dem Gegenspieler an, dribbeln aber an ihm vorbei (hier ist die Hoffnung darauf gelegt, dass der Gegenspieler durch einen Schutzreflex oder Abwehrversuch des möglichen Torschusses kurz abgelenkt ist, und deswegen leicht umspielt werden kann).

Finte 2: Es wird wieder ein Schuss wie in Finte 1 angetäuscht, diesmal vollzieht der Spieler aber eine komplette Drehung mit Ball (360°) und zieht mit Ball an der anderen Seite vorbei. D.h., er täuscht einen Schuss mit rechts an, dreht sich mit Ball rechts um die eigene Achse und umspielt den Gegenspieler auf der linken Seite (dementsprechend mit dem linken Fuß umgekehrt).

- Die Hauptübung dauert etwa 10 Minuten. Ein Tor ist besetzt, etwa 15 Meter zentral vor dem Tor postiert sich der Trainer oder die Trainerin. 10 Meter weiter davor stehen die Spieler hintereinander in einer Reihe. Mit Betreuer oder Co-Trainer wird an zwei Stationen gleichzeitig trainiert, an jeder Station nur eine Finte mit Wechsel nach etwa 5 Minuten. Die Spieler laufen zügig nacheinander auf den Trainer zu und üben ihre Finte aus, ziehen am Trainer vorbei und schießen aus etwa 10 Meter Entfernung auf das Tor. Der Trainer ist natürlich nur ganz leicht aktiv tätig (siehe Abbildung nächste Seite).

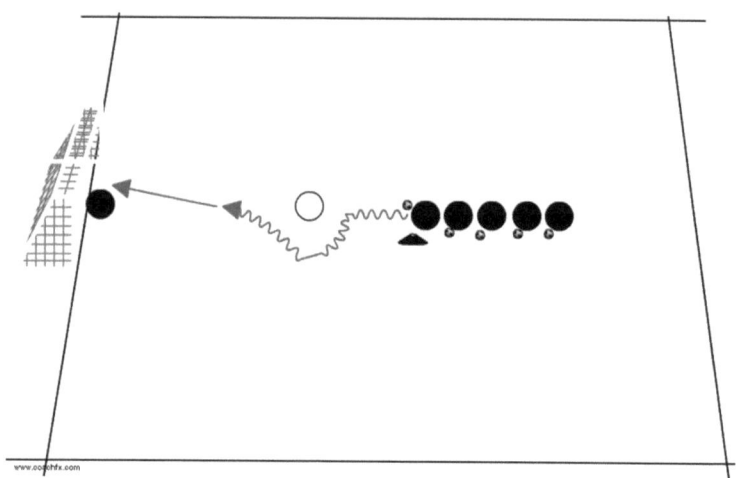

Bei dieser Übung sollte der Torwart häufig gewechselt werden.

Variationen

- Der Ball darf nur mit links geführt werden.

- Das Hütchen muss in die andere Richtung umkurvt werden.

- An der Pylone wird zuerst ein Schuss angetäuscht, bevor sie umdribbelt wird.

- Am Hütchen muss eine bestimmte Finte durchgeführt werden.

- Der Ball muss mit dem rechten oder linken Fuß im Lauf über die Pylone gehoben werden.

Dribbeln im Kreis

Drei Spieler stehen jeweils hintereinander, der Vordere ist in Ballbesitz und steht neben einer Pylone. Acht Meter von dem jeweiligen Startdribbler entfernt steht eine „Wendepylone".
Er dribbelt zu diesem Hütchen, zieht den Ball dort mit der Sohle zurück, dribbelt wieder zum Starthütchen. Hier übergibt er den Ball und stellt sich hinten an.
Zuerst soll die komplette Übung ausschließlich mit dem rechten Fuß durchgeführt werden, nach zwei bis drei Wiederholungen wird nur der linke Fuß eingesetzt.

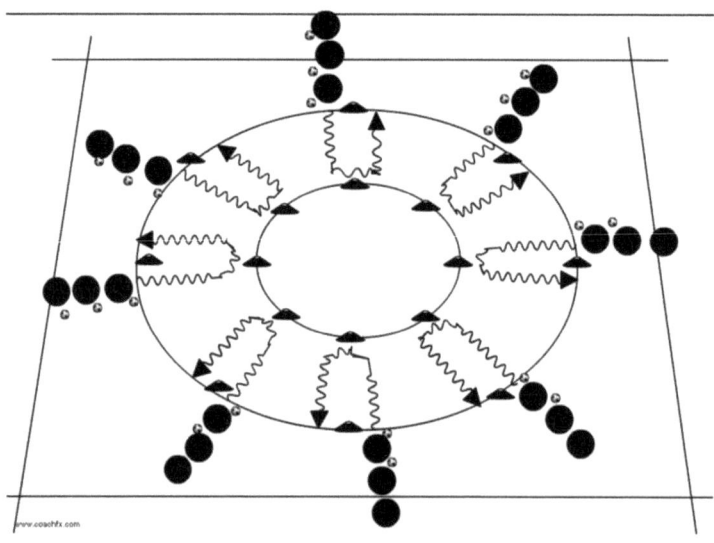

Danach erfolgt eine Variation der Übung. Die Spieler sollen sich komplett um das Hütchen mit enger Ballführung drehen. Auch hier wird die Übung anfangs nur mit dem rechten Fuß

geübt, einmal erfolgt die Drehung im Uhrzeigersinn, dann entgegengesetzt.

Nach einigen Wiederholungen ist der linke Fuß dran.

Zum Abschluss ist natürlich ein Wettkampf an der Reihe, mit Drehung in beliebiger Form um die Pylone. Jeder Spieler muss zweimal an den Start gehen.

Technikübung

Die folgende Übung schult Einwurf, Stoppen, Passen, Dribbeln, Torschuss und Torwartqualitäten gleichzeitig.

Ablauf: Ein Tor wird mit einem Torwart besetzt. Vor diesem werden vier Pylonen wie in der Zeichnung aufgestellt. Die Spieler verteilen sich an den Markierungshütchen. Die Spieler bei A an der Seitenlinie besitzen jeweils einen Ball. A wirft den Ball mittels eines Einwurfs zu B, der den Ball direkt zurück zu A passt. A wiederum spielt den Ball flach und hart zu C. Dieser nimmt den Ball Richtung Tor an, dribbelt einige Meter und spielt anschließend auf den Spieler D, der direkt oder nach einer kurzen Ballkontrolle auf das Tor schießt.
Nach diesem Torschuss rücken die beteiligten Spieler eine Position weiter. Die jeweiligen Entfernungen werden dem Alter angepasst.

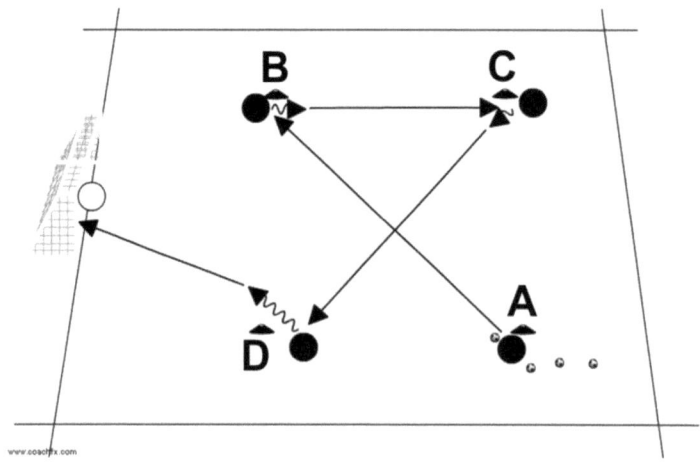

- Ein Spielfeld mit einem besetzten Tor und zwei Zonen wird aufgebaut. In der äußeren Zone spielen sich 5 – 8 Spieler direkt und möglichst schnell den Ball zu. Die Spieler sind dabei permanent in Bewegung. Auf ein Trainerkommando dribbelt der jetzige Ballbesitzer auf das Tor zu und schließt mit einem Torschuss aus etwa 10 bis 12 Metern ab.

Die Spieler in der zweiten Zone werden sofort mit einem weiteren Ball „gefüttert" und das Spiel beginnt von vorne.

Die Torschützen laufen mit ihrem Ball zurück, übergeben diesen dem Trainer und begeben sich wieder in die äußere Zone.

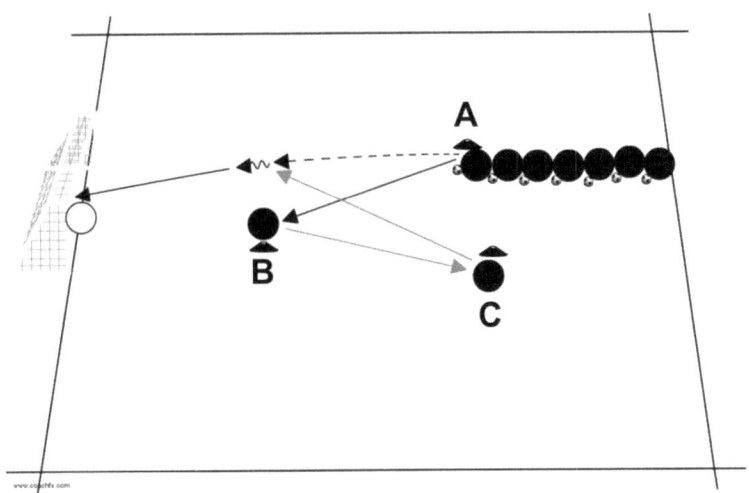

Weitere Trainingsübungen

- Es wird mit Hürden, Stangen ein beliebiger Parcour aufgebaut, der den Leistungsstand der Kinder berücksichtigt. Ein Tor wird aufgebaut und mit einem Torhüter besetzt. Die Bälle sind bei dem Zuspieler und dem Werfer.

Der erste Fußballer ohne Ball springt über die Hürden, gefolgt von Skipping über die Stangen, ein Kopfball nach Zuwurf von unten mit einem nicht hart aufgepumpten Ball, ein Sprint Richtung Zuspieler, der den Spieler anspielt und mit einem Torschuss abschließt. Die Kinder sollen danach den Ball zum Zuspieler zurückbringen und zum Startpunkt zurückgehen. Die Betonung liegt auf „gehen", damit eine Erholungsphase gegeben ist. Die Übung wird dreimal je Spieler wiederholt.

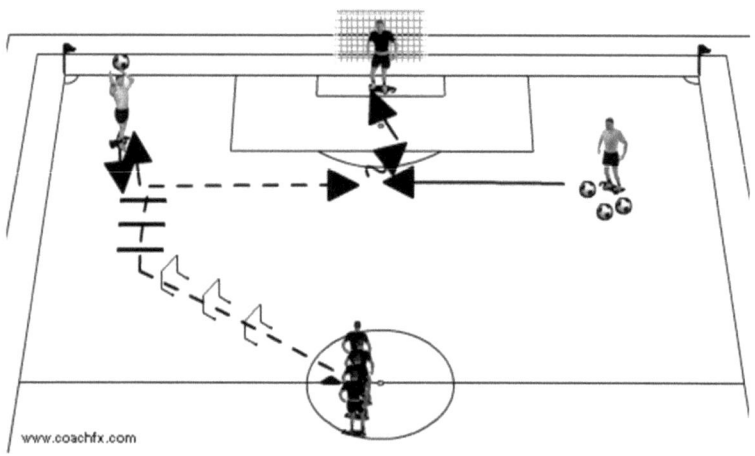

www.coachfx.com

- Bei dieser Übung (ab E-Jugend) wird auf ein großes besetztes Tor und zwei Pylonentore gespielt (siehe folgende Zeichnung). Das große Tor wird von vier Feldspielern (weiß) verteidigt. Sechs   Gegenspieler (schwarz) stürmen auf das besetzte Tor,

müssen aber bei Ballverlust die „Hütchentore" schützen.

Der Abschluss auf das große Tor soll dabei so schnell wie möglich erfolgen.

Nach einigen Minuten werden die Verteidiger ausgetauscht.

Nach dieser Übung wird die ganze Situation „verschärft". Jetzt wird die Angreiferzahl auf sieben erhöht. Es darf aber nur mit maximal drei Ballkontakten agiert werden (ab D-Jugend).

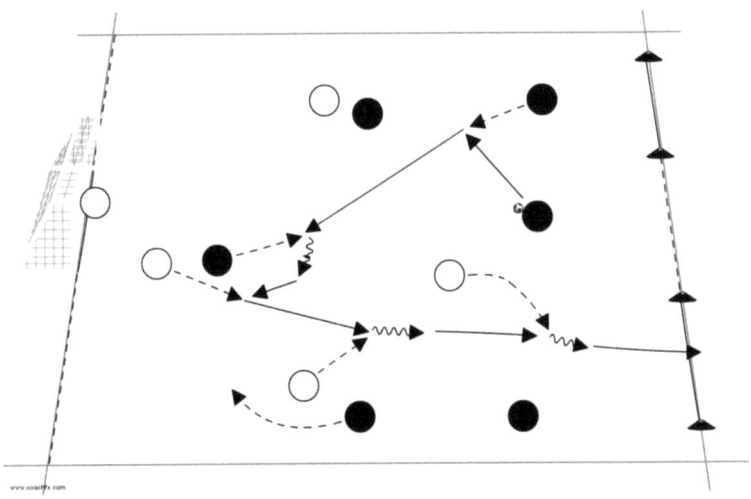

- Die folgende beschriebene Übung (ab E-Jugend) dient zur Förderung der Grundschnelligkeit und Konterqualität.

Sie wird nur mit 2 – 3 Durchgängen trainiert und bringt in Bezug auf Grundschnelligkeit nur einen Trainingseffekt bei vollkommen ausgeruhtem physischen Zustand.

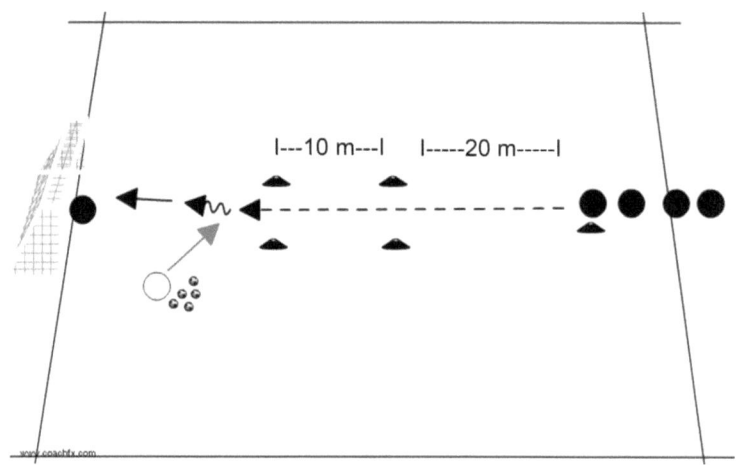

Bei Ermüdung, Erschöpfung oder Übersäuerung des Körpers ist diese spezielle Übung für ein Schnelligkeitstraining sinnlos.

Weiterhin muss eine Pausenlänge von mindestens zwei Minuten eingehalten werden.

Alleine schon wegen dieser Pausenlänge werden nur 2 – 3 Durchgänge absolviert, um unnötige Langeweile zu vermeiden.

Außerdem fördert die Übung die Fähigkeit, den Ball im vollen Lauf mitzunehmen und mit einem schnellen Torschuss

abzuschließen (Konterfähigkeit). Zur Schulung nur dieser Fähigkeit, kann die Übung auch unter einer leichten Trainingsermüdung erfolgen.

Übungsablauf: Die Kinder stehen etwa 45 – 50 Meter zentral vor dem Tor mit Torwart hintereinander in einer Reihe. Der Erste läuft an und beschleunigt submaximal (keine volle Beschleunigung), so dass er erst nach 20 Metern die höchste Laufgeschwindigkeit erreicht (bei voller Beschleunigung erreicht diese Altersgruppe die Höchstgeschwindigkeit schon nach 10 Metern). Die 20 Meter sind mit einem Pylonenpaar (parallel mit zwei Meter Abstand) markiert. Hier erreicht der Läufer seine Höchstgeschwindigkeit und hält diese über 10 Meter, dann durchläuft er ein zweites Hütchenpaar (gleich aufgestellt, etwa 10 Meter vom ersten Hütchenpaar entfernt), reduziert die Geschwindigkeit etwas und bekommt vom Trainer den Ball in den Lauf gespielt. Der kleine Fußballer soll nun den Ball mit dieser hohen Laufgeschwindigkeit verarbeiten, annehmen, kontrolliert vorlegen und mit einem wuchtigen Torschuss aus 10 – 15 Meter abschließen (je nach Schussstärke)
Nach diesem Torschuss startet der nächste Läufer, der Schütze befördert den geschossenen Ball wieder zum Trainer und stellt sich hinten in der Schlange wieder an.

Ist der Startläufer wieder an der Reihe, unterbricht der Trainer kurz und erklärt, welche Fehler gemacht wurden oder was noch besser gemacht werden kann (hier wird dann auch eine minimale Pausenlänge von zwei Minuten garantiert).

- Bei der folgenden Übung passt Spieler A dem ersten Spieler B in den Lauf, dieser dribbelt Richtung Torauslinie und flankt zu den beiden Stürmern. Der Torwart und ein Abwehrspieler versuchen den Torerfolg zu verhindern. Nach dieser Aktion spielt der Zuspieler A den nächsten Spieler der zweiten Gruppe B an und zwei neue Stürmer treten in Aktion.

Die aktiven drei Angreifer schließen sich nach Abschluss der jeweiligen Reihe wieder an.

Flankengeber, Anspieler, Stürmer und Abwehrspieler werden natürlich regelmäßig ausgetauscht (ab E-Jugend).

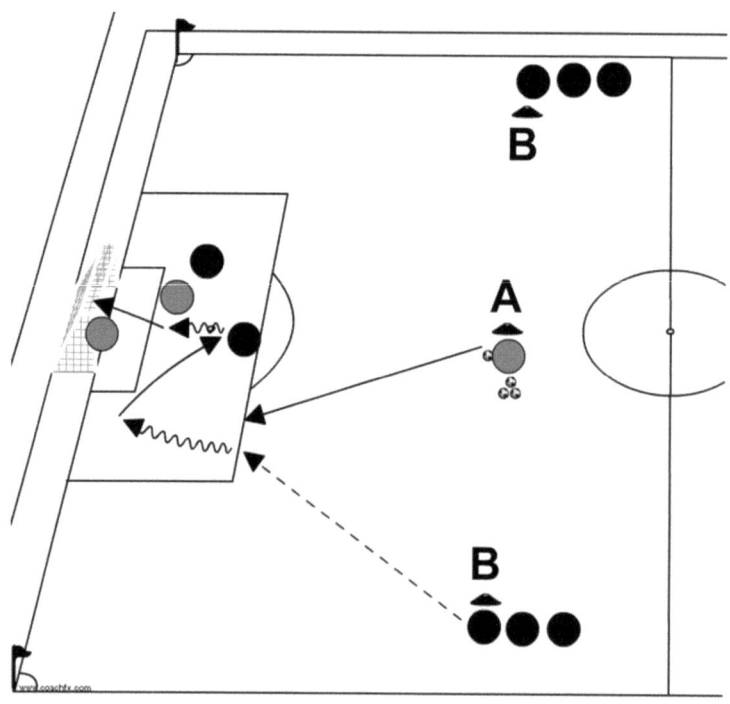

- Jetzt wird der Schwierigkeitsgrad der vorigen Übung erhöht. Zuspieler A spielt den Ball wieder zu dem ersten Spieler B. Diesmal wird der potentielle Flankengeber aber von einem Abwehrspieler Spieler C verfolgt. Dieser startet dabei etwas hinter B und soll ihn einholen und die Flanke verhindern. Spieler B darf die Flanke erst kurz vor der Torauslinie schlagen. An dieser Stelle soll den Spielern erklärt werden, dass sie den Abwehrspieler „kreuzen" sollen, sobald sie merken, dass er zu „nah" kommt.

Jetzt muss der Verfolger die Laufgeschwindigkeit reduzieren und wieder eine neue Laufrichtung einschlagen. Tut er dies nicht, läuft er den Angreifer um, der dann einen Freistoß oder sogar einen Elfmeter zugesprochen bekommt (ab D-Jugend).

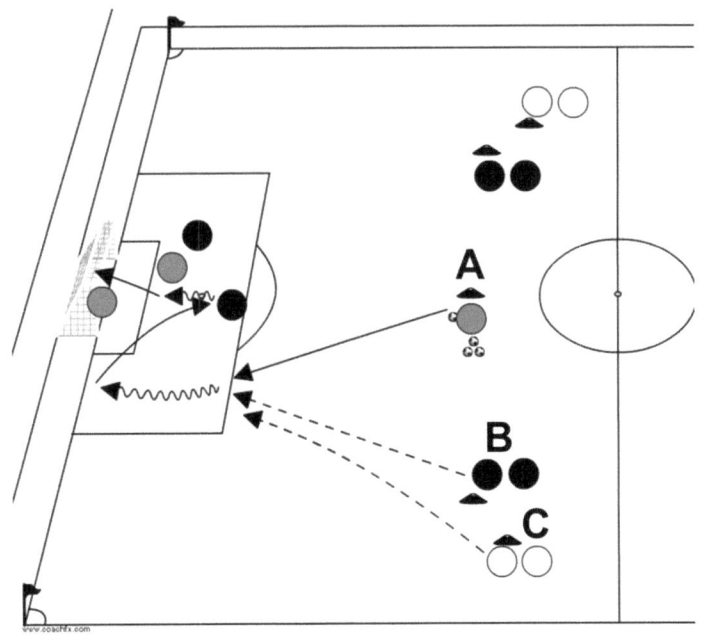

Vollspannstoßübungen

Wiederholung von Seite 144 wegen der enormen Wichtigkeit

Im Folgenden wird ein kompletter Hauptteil des Trainings vorgestellt, in dem ausschließlich der Vollspannstoß (überwiegend Grundlagentraining) geübt wird.

Vorbereitende Übungen:

- Die Kinder halten den Ball mit beiden Händen vor dem Körper. Sie sollen dann den Ball etwas hochwerfen und den Ball etwa in Kniehöhe mit dem Vollspann mit mittlerer Stärke treffen. Der Ball soll dabei möglichst gerade nach vorn fliegen (diese Übungen werden am besten vor einem großen Tor durchgeführt, damit die Laufwege zum Ball nicht zu lang werden). Es werden beide Füße abwechselnd trainiert.

- Diesmal soll der Ball mit dem Vollspann getroffen, senkrecht nach oben geschossen werden.

- Gleiche Übung, aber jetzt stehen die Spieler 2 – 3 Meter vor dem Tor und sollen den Ball hoch ins Netz schießen.

- Gleiche Übung wird jetzt mit höchster Intensität trainiert.

- Gleiche Übung, aber jetzt soll der Ball in Dropkickform getroffen werden.

- Jetzt wird ein Strafstoßschießen mit Vollspann geübt abwechselnd mit links und rechts und auf zwei Tore, damit eine Übungshäufigkeit garantiert ist. Auch wenn die Übungen mit dem schwachen Fuß wirklich sehr „erbärmlich" aussehen, trainieren wir in E- und D-Jugend beidfüßig.

„Was Hänschen nicht lernt, lernt Hans nimmer mehr", lautet hier die Devise.

Weitere Trainingsübungen

Diese Grundübungen oder andere, werden beim Training wiederholt eingesetzt, bis eine Grundtechnik vorhanden ist und dynamische Übungen sinnvoll eingesetzt werden können (für die nächsten Übungen Voraussetzung).

- Wie in der Skizze unten dargestellt, passt der erste Spieler mit Ball den Mittelfeldspieler an und läuft seinem Anspiel hinterher. Der Mittelfeldspieler spielt direkt zu dem Spieler an der Strafraumgrenze. Dieser lässt wieder abprallen, worauf der Mittelfeldspieler mit einem Torschuss abschließt. Die Entfernungen sollten der jeweiligen Schusskraft der Mannschaft angepasst sein!

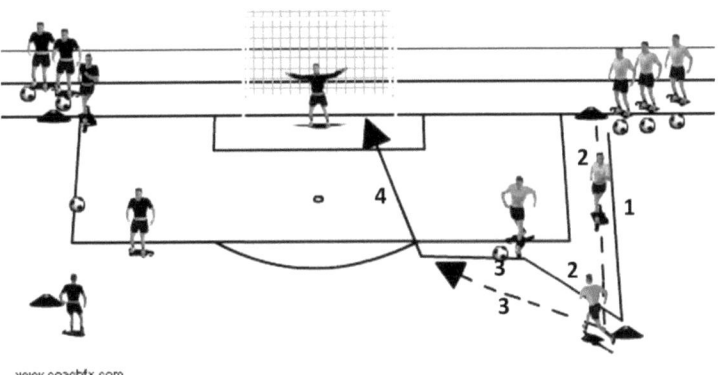

www.coachfx.com

- Der Trainer steht mit vielen Bällen im Tor. Die Kinder stehen 20 Meter zentral vor dem Tor in einer Reihe. Der Trainer schießt den Ball leicht Richtung erstem Schützen, so dass er den Ball etwa 10 – 15 Meter vor dem Tor erwischt. Der Fußballer läuft dem Ball entgegen und soll ihn mit voller Wucht und Vollspann auf den Trainer abfeuern. Dieser versucht, auszuweichen und passt mit höchstmöglicher Geschwindigkeit auf den nächsten Schützen usw.

Danach wird die Übung leicht verändert, jetzt sollen die Kinder den Ball genau „in den Winkel" rechts oder links oben platzieren.

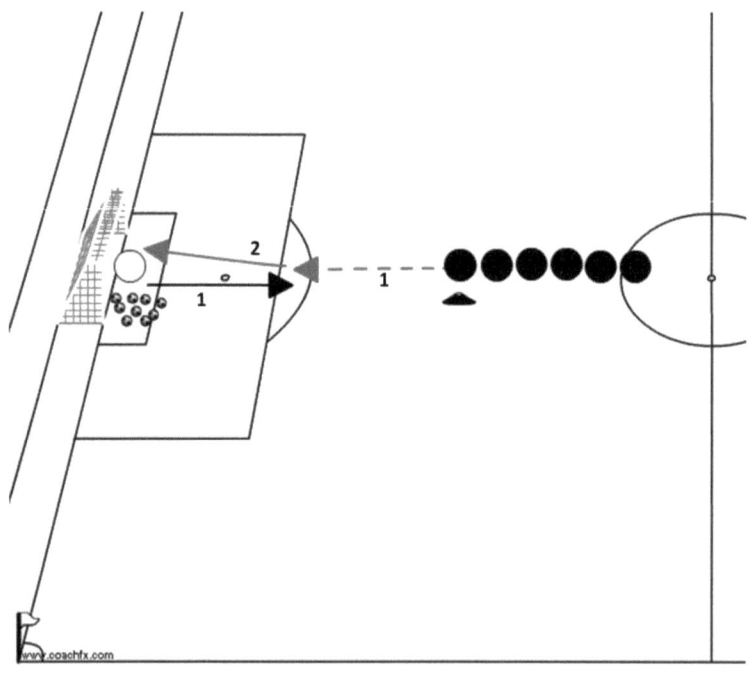

Weitere Trainingsübungen

Komplexe Übungen, die hier bis zum Schluss des Buches aufgeführt werden, sind in der Regel erst ab der D-Jugend praktizierbar.

Übungen für Doppelpass und sicheren Torschuss

- Bei der folgenden Übung trainieren wir direktes Spiel und den sicheren Torabschluss. Ein Tor wird mit einem Torwart besetzt. Bei einer hohen Spieleranzahl sollte auf zwei Tore trainiert werden.

Die Pylonen werden wie in der Zeichnung dargestellt, aufgestellt. An den Markierungshütchen A, B und C steht jeweils ein Spieler. Bei D stehen mehrere Spieler hintereinander.

A passt auf B, B spielt an C direkt weiter und C direkt in den Lauf von D, der mit einem Torschuss abschließt. Sofort nach dem Torschuss startet die nächste Runde und der zweite Spieler bei D beendet das Ganze wieder mit einem Torschuss. Die Schützen holen sich ihren Ball zurück und stellen sich wieder an der Pylone D hinten an.

Die jeweiligen Positionen werden relativ häufig getauscht.

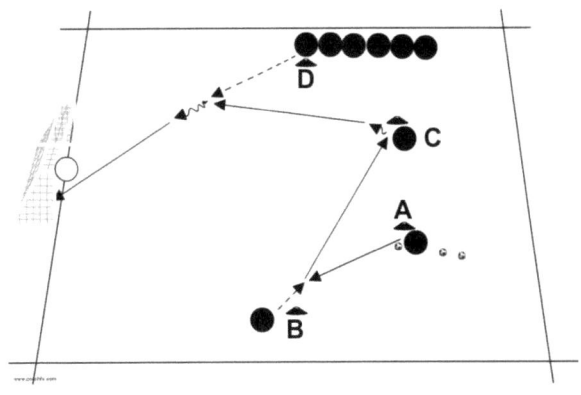

- Ein Tor wird besetzt, der erste Spieler in der Reihe spielt nacheinander mit den festen Positionsspielern Doppelpass und schließt mit einem Torschuss aus 15 Metern ab.

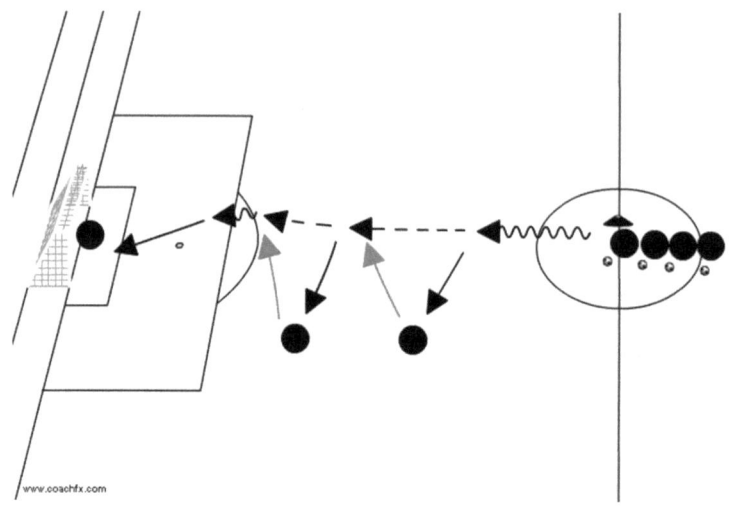

Komplexe Übungen

- Bei dieser interessanten Übung können wir die gesamte Mannschaft sinnvoll beschäftigen und vielfältige technische Trainingsreize setzen.

Übungsaufbau: siehe nächste Seite.

Übungsablauf: A spielt den weiten Pass zu B, der zu C weiterpasst. Nach einer kurzen Ballkontrolle spielt C Spieler D in den Lauf. Dieser nimmt den Ball im vollen Lauf an und dribbelt zur Torauslinie und flankt den Ball in den Strafraum.

Zwei Stürmer versuchen gegen einen Torwart und einen Abwehrspieler ein Tor zu erzielen.
Nach jedem Durchgang rücken die Spieler A bis D eine
Position weiter.
Natürlich werden auch die Stürmer und Abwehrspieler gelegentlich getauscht.

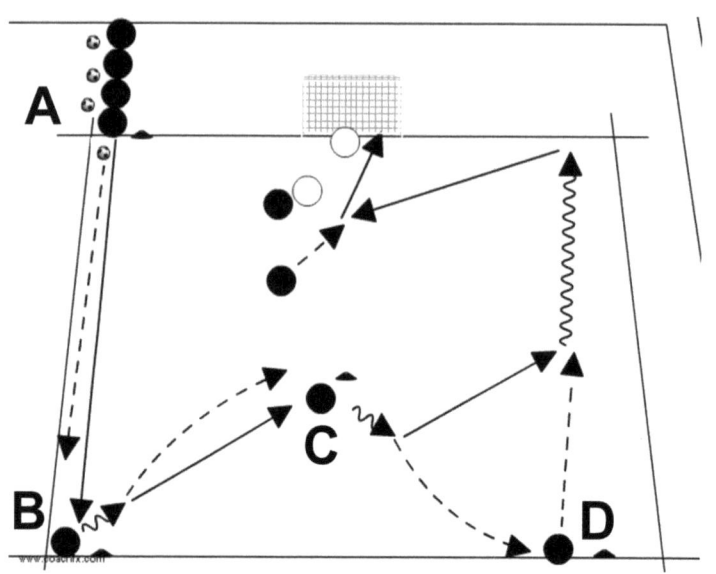

- Hier beschreiben wir eine leichte Eckballübung.

Die beiden Flankengeber stehen mit ihren Bällen weiter vom Tor entfernt an der Torauslinie und bringen abwechselnd Eckbälle herein.

Die Entfernung wird so gewählt, dass alle Spieler brauchbare Flanken hereinbringen können. Ein Spieler steht im Tor mit Unterstützung eines Abwehrspielers. 20 Meter zentral vor dem Tor stehen die Kinder in Zweiergruppen hintereinander. Wenn sie gemeinsam Richtung „Tor" laufen erfolgt eine Flanke von links oder rechts. Die beiden Spieler sollen nun irgendwie zum Torerfolg kommen (Direktabnahme, Kopfball, Dribbling oder Abspiel), der Abwehrspieler und der Torwart sollen sie daran hindern. Nach dieser Aktion wird der Ball zum Flankengeber zurückgepasst. Das nächste Paar startet und die vorherige Zweiergruppe stellt sich in der Reihe hinten wieder an.

Nach einiger Zeit werden die Positionen natürlich wieder getauscht.

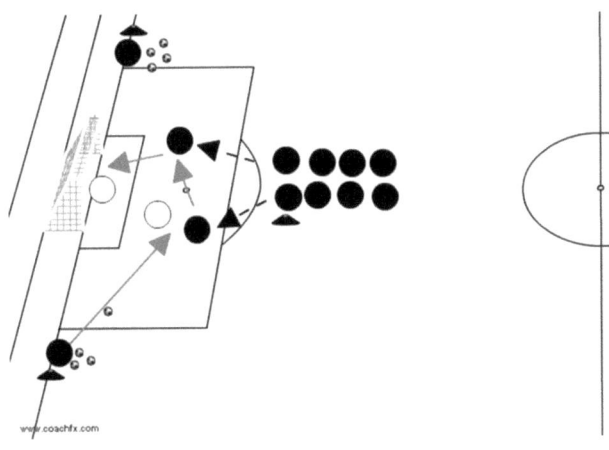

- Die nächste Übung ist anspruchsvoller und schult das beidbeinige Flankentraining.

Es werden 3 Gruppen gebildet, wobei die Positionen nach einiger Zeit getauscht werden. Die Spieler in der Mitte erhalten jeweils einen Ball. Der erste Spieler mit Ball spielt diesen in den Lauf des Flankengebers. Dieser durchdribbelt den Hütchenparcour, dribbelt weiter bis zur Toraußenlinie und flankt den Ball auf den mitgelaufenen Mittelspieler. Dieser versucht die Flanke zu verwerten. Jetzt erfolgt die nächste Flanke von der anderen Seite, usw.

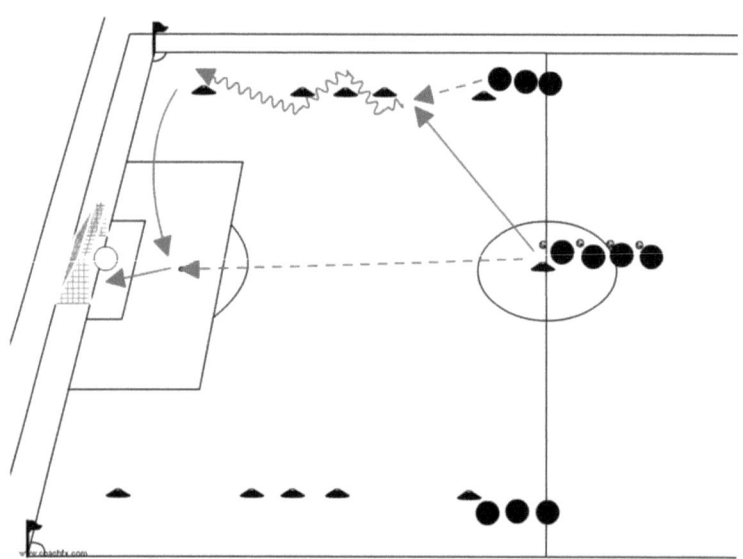

 # Weitere Trainingsübungen

Der Mittelkreis

Die hier beschriebene Übung, in Verbindung mit dem Mittelkreis, kann ab der D-Jugend als Ein- und Aufwärmübung ins Training aufgenommen werden. Die Übung macht den Kindern und Jugendlichen und sogar noch den Erwachsenen großen Spaß. Sie schult den Innenseitstoß, den Doppelpass mit der Innenseite und bringt die Fußballer optimal auf "Betriebstemperatur".

Ablauf: Mindestens 12 Spieler (je mehr desto besser) stellen sich auf die Linie des Mittelkreises in einem gleichen Abstand zueinander. Bei 12 Spielern beträgt hier der Abstand zum direkten linken und rechten Mitspieler etwa 4,50 Meter.
Ein Spieler ist in Ballbesitz. Er spielt nun mit der Innenseite irgendeinen Spieler an (nur nicht die direkten "Nachbarn") und läuft dem Ball hinterher. Der angespielte Fußballer nimmt den Ball an und passt dann mit der Innenseite wieder zu einem Mitspieler. Auch er läuft dem Ball hinterher usw. Die Passgeber nehmen dann natürlich die Position des angespielten Fußballers auf der Mittellinie ein usw.

Variationen

- Der Ball muss direkt gespielt werden.
- Ab 18 Spielern können auch zwei Bälle eingetzt werden.
- Nach dem Pass läuft der Passgeber nicht dem Ball nach, sondern dreht eine Runde um den Mittelkreis und nimmt seine alte Position wieder ein (mindestens 20 Spieler werden hier gebraucht).

- Die nächste Übung ist anspruchsvoller und schult das beidbeinige Flankentraining.

Es werden 3 Gruppen gebildet, wobei die Positionen nach einiger Zeit getauscht werden. Die Spieler in der Mitte erhalten jeweils einen Ball. Der erste Spieler mit Ball spielt diesen in den Lauf des Flankengebers. Dieser durchdribbelt den Hütchenparcour, dribbelt weiter bis zur Toraußenlinie und flankt den Ball auf den mitgelaufenen Mittelspieler. Dieser versucht die Flanke zu verwerten. Jetzt erfolgt die nächste Flanke von der anderen Seite, usw.

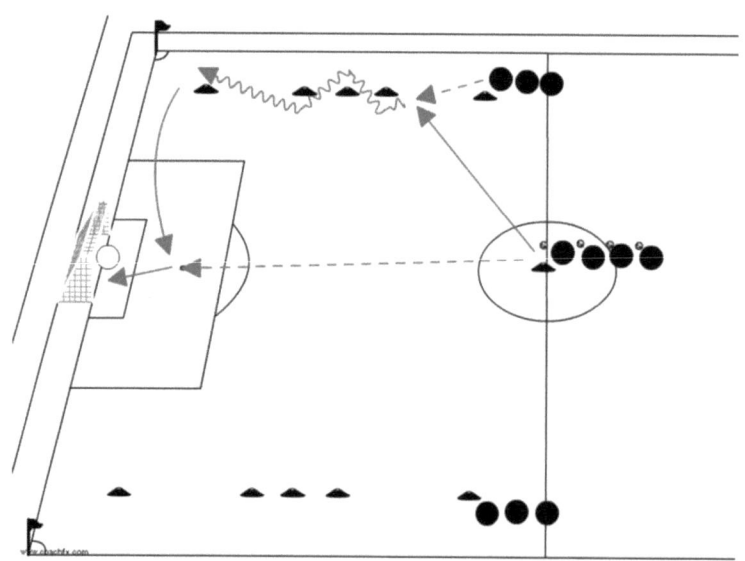

 # Torwarttraining für Kinder

Ein spezielles Torwarttraining sollte erst ab der D-Jugend beginnen.

Die wichtigsten Eigenschaften, die ein Torwart neben Kraft, Sprungkraft, Schnelligkeit, Übersicht und technischen Qualitäten am Ball haben sollte, sind Furchtlosigkeit gegenüber dem Ball, dem Gegner und der "Paraden" und der wirklichen Lust die Position des Torhüters zu spielen.

Bis zur E-Jugend darf aber jeder mal im Tor stehen, ein spezielles Torwarttraining entfällt. Natürlich können leichte Torwartübungen und Tipps (z.B. leichte Fangübungen) im Training eingebaut werden. So kann jeder kleine Fußballer selbst entscheiden, ob die Torwartposition für ihn in Frage kommt.

Ab der D-Jugend beginnt dann ein spezielles Torwarttraining und auf die beidfüßige Ausbildung sollte geachtet werden. Auch eine schützende Torwartkleidung und die richtigen Handschuhe sind für ein spezielles Torwarttraining unabdingbar. Wir trainieren keine Torwartparaden auf einem Hartplatz. Ein Torhüter sollte immer Ruhe und Zuversicht ausstrahlen. Er kann Angriffe des Gegners "lesen" und besitzt eine hervorragende Reaktionsschnelligkeit. Weiterhin organisiert er die Verteidigung und das Stellungsspiel seiner eigenen Mannschaft. Die Mannschaft braucht einen Torwart mit mentaler Stärke, da er oft einem großen Druck ausgesetzt. Er ist im Prinzip die letzte "Schachfigur" im Spiel, die ein Tor verhindern kann.

Ein selbstbewusster Torwart mit hoher Spielqualität kann jderzeit einen Angriffsspieler oder Elfmeterschützen bei seiner Aktion verunsichern. Dadurch begehen diese eventuell

Fehler und ein Tor kann verhindert werden.

Torwartqualitäten

- hohe Sprungkraft

- hohe Antrittsschnelligkeit

- hohe Beweglichkeit

- beidfüßige Ausbildung

- Fangen und Fausten von halbhohen und hohen Bällen

- sicheres Fangen oder Schießen von flach ankommenden Bällen

- optimales Springen und Landen

- perfektes Abschlagen, Abwerfen oder Weiterleitung des Balles

- hohes Selbstbewusstsein und Mut

- optimales Stellungsspiel in jeder Position

- optimales Anleiten der Hintermannschaft

- usw.

Torwartübungen im Kindertraining

(In der Regel ab D-Jugend überwiegend für Mannschaften, die keinen speziellen Torwarttrainer/in zur Verügung haben)

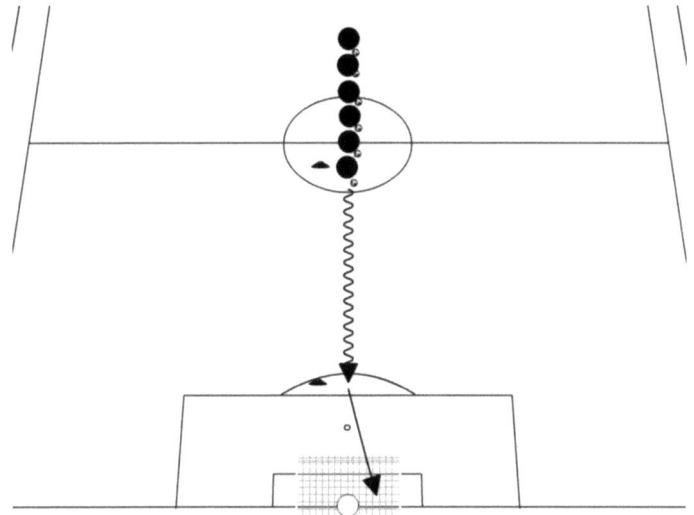

- Der erste Spieler läuft mit Ball auf den Torwart zu, hat die Aufgabe den Torwart zu umspielen und ein Tor zu erzielen. Der Torwart soll dies verhindern und dem Schützen rechtzeitig entgegenlaufen. Nach der komplett abgeschlossenen Aktion läuft der nächste Spieler an.

- Jetzt darf der anlaufende Spieler den Torwart umspielen oder auch durch direkten Torschuss abschließen.

305

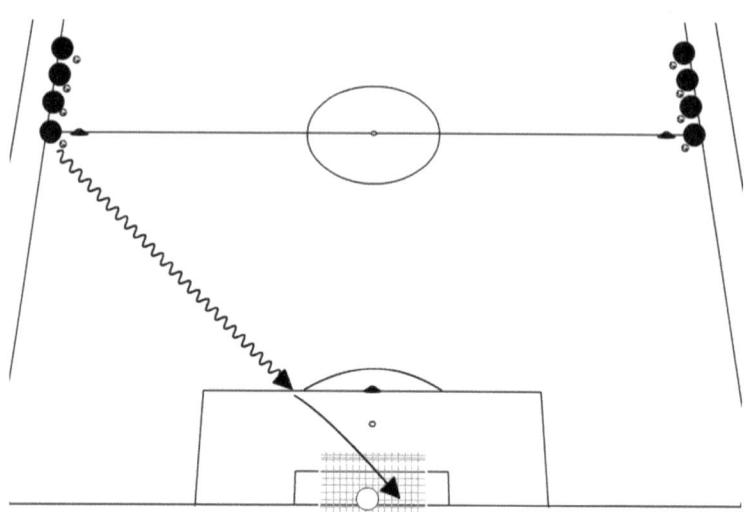

- Die gleichen Übungen erfolgen bei einem seitlichen Anlaufen.

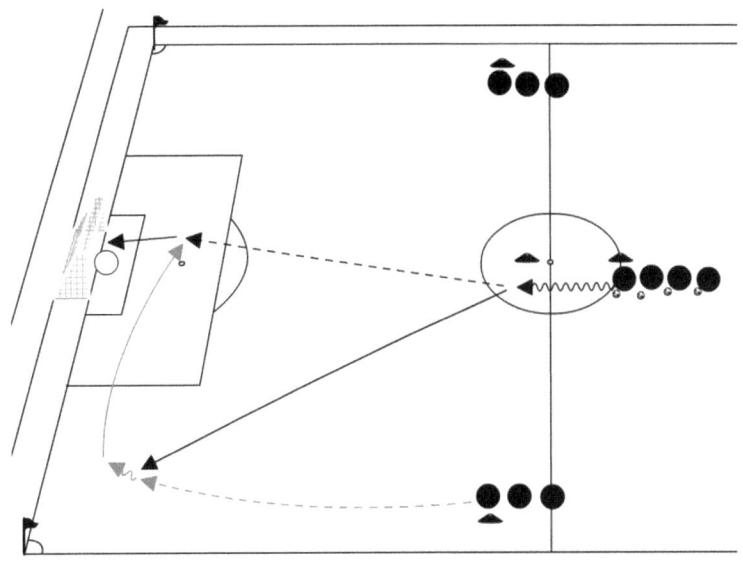

- Bei dieser Übung erfolgt ein Pass Richtung Außenlinie und Eckfahne. Der Außenstürmer folgt dem Pass und schlägt eine Flanke in den Strafraum. Der Passgeber läuft gleichzeitig in den Strafraum und sucht den Torabschluss. Die Hauptaufgabe liegt nun hier beim Torwart, der das Tor verhindern soll.

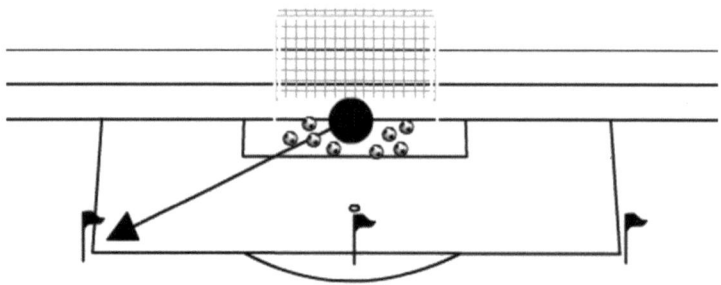

Bei dieser Übung trainiert der Torwart wichtige Grundtechniken eines Torhüters und Techniken eines Feldspielers, die auch ein Keeper beherrschen muss.

- Der Torwart rollt den Ball zielsicher zum Mitspieler, dieser schießt direkt auf das Tor, welcher der Keeper wiederum verhindern soll. Nach einer abgschlossenen Aktion wird der nächste Mitspieler involviert.

- Jetzt spielt der Torwart einen Mitspieler mit dem Innenseitstoß an. Der Rest der Übung bleibt gleich.

- Bei der nächsten Übung agiert der Torwart mit einem Abwurf oder Abschlag. Die Stürmer sollen den Ball annehmen,

Richtung Tor laufen und den Torabschluss suchen.

- Die gleiche Übung wird mittels eines Abstoßes durchgeführt.

Alle Entfernungen werden natürlich der Schusskraft der Spieler angepasst.

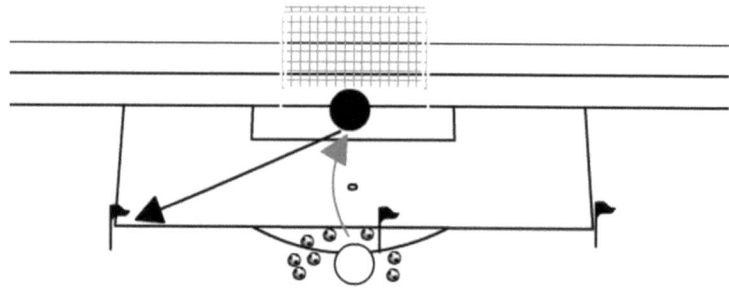

Nun werden Bälle 10- 14 Meter zentral vor dem Tor von einem Mitspieler aus beiden Händen heraus mit dem Vollspann oder Dropkick zugeschossen. Die Schusskraft ist nur mittelstark, und der Ball soll hoch oder halbhoch relativ nah an den Torwart geschlagen werden. Er steht dabei zentral auf der Grundlinie.

Der Torwart fängt den Ball sicher, läuft einige Meter mit dem Ball nach vorn oder zur Seite, und wirft den Ball wie in der vorhergehenden Übung gezielt zu den Fahnenstangen oder setzt den Abschlag ein usw.

Hier beschreiben wir eine sehr schwierige und komplexe Übung für den Torwart. Ein Stürmer läuft mit Ball auf das gegnerische Tor zu und wird gleichzeitig von einem Verteidiger bedrängt. Der Torwart muss nun je nach Entwicklung der Situation entscheiden, ob, wann und wie er das Tor verlässt und in das Spielgeschehen eingreift. Die wichtigste Frage ist hierbei sehr oft, wie der Torwart den Torschusswinkel des Angreifers optimal verkleinert. Diese Übung verhilft ihm zu einem optmalen Agieren und perfektem Stellungsspiel.

311

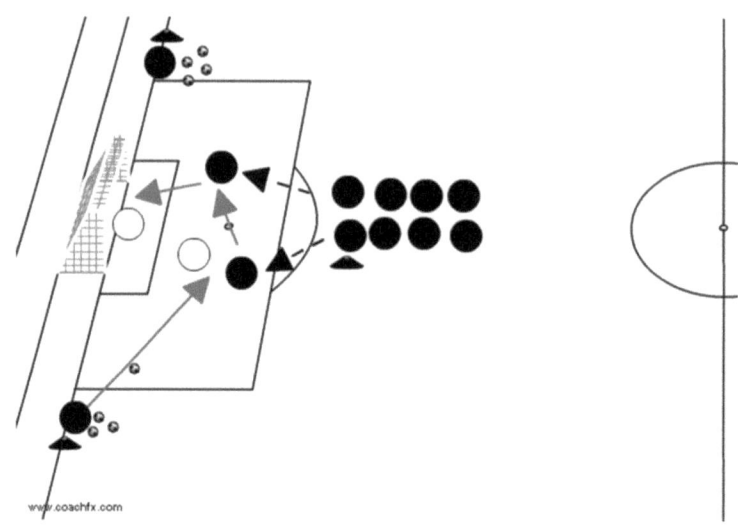

Bei dieser Übung wird der Torwart auf das Abwehren von Flanken und Eckbällen trainiert. Ein Eckball oder eine Flanke wird in den Strafraum geschlagen. Zwei Sürmer laufen in diesen, und versuchen ein Tor zu erzielen. Ein Abwehrspieler und ein Torwart sollen das verhindern. Danach erfolgt eine Flanke oder ein Eckball von der anderen Seite und zwei andere Stürmer laufen in den Strafraum. Der Torwart soll unter Druck gesetzt werden und die Hereingaben so schnell wie möglich erfolgen. In der Regel sollen die Bälle hoch in den Strafraum geflankt werden und der Keeper sich durch Fangen oder Wegfausten des Balles auszeichnen.

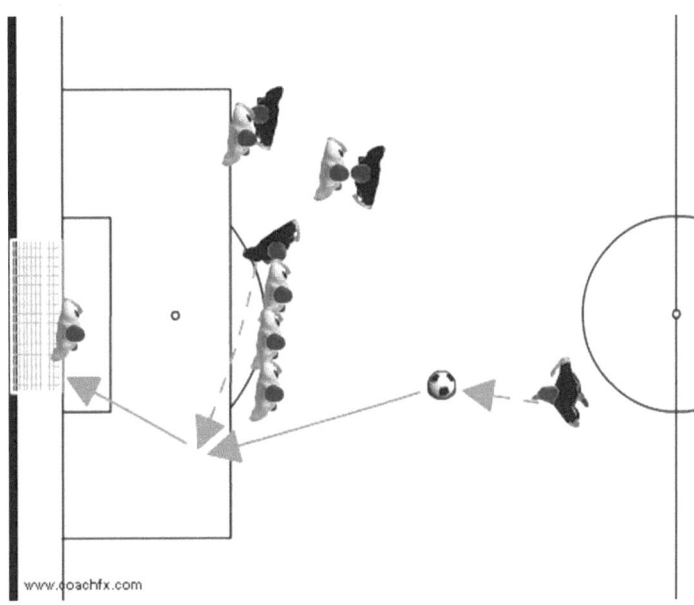

Nun wird der Torwart beim Freistoßtraining gefordert. Der Torwart hat die Aufgabe die Freistoßmauer durch Zurufe richtig zu positionieren, und den folgenden Freistoß zu parieren. Danach wird mittels Strafstoßtraining getestet.

313

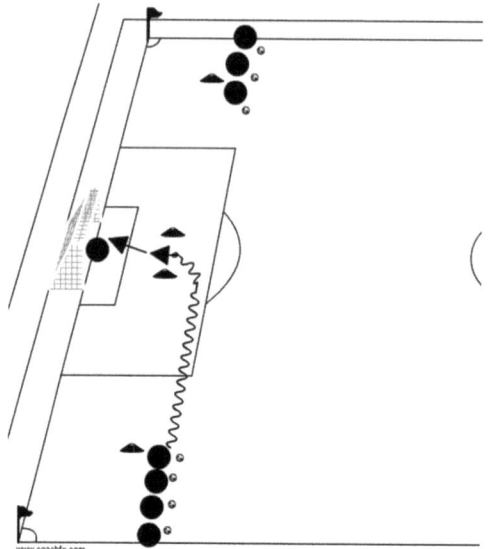

Bei dieser Übung wird der Torwart aus relativ kurzer Distanz mit dem Innenspannstoß seiner Mitspieler getestet. Auch hier erfolgt das Ganze mit höchstmöglicher Abfolge.

 # Torwarttraining für Kinder

Spezialtorwarttraining

- Mit der folgend beschriebenen Übung wird die Reaktionsschnelligkeit aus einer rückwärtigen Laufrichtung trainiert.
Der Torwart steht in der Mitte des Tors und ein Trainingspartner befindet sich am Elfmeterpunkt mit einigen Bällen.
Der Torwrt läuft langsam zentral nach vorn, berührt die Tor-
raumlnie mit einem Fuß und läuft dann ganz langsam rück-
wärts. Der Trainingspartner oder auch Torwarttrainer wirft
nun einen Ball zentral hoch, zentral sehr hoch, halbrechts
hoch, halbrechts sehr hoch, halblinks hoch oder halblinks
sehr hoch. Der Torwart hat nun die Aufgabe, den Ball zu fangen, zu fausten oder über die Torlatte zu befördern.
Diese Übung wird natürlich oft wiederholt. Der Schwierigkeitsgrad wird hier relativ niedrig gehalten, so dass ein
"Hechten" nicht eingesetzt werden muss.

- Jetzt simulieren wir eine brenzlige Torraumszene. Der Torwart will einen Ball sicher im Strafraum abfangen, der Ball
wird aber unvorhergesehen abgefälscht.
Zunächst wird eine Pylone (virtueller Gegenspieler) auf die
Mitte der Torraumlinie gestellt. Der Torwart steht zentral etwa auf der Torlinie. Links und rechts stehen zwei Trainingspartner mit einigen Bällen, die abwechselnd kurze Ecken
hereinschlagen sollen.
Der Torwart läuft nun von der Mitte des Tors zum Hütchen,
läuft um das Hütchen (simulierter Gegenspieler, der den Ball
doch nicht erhält) herum und soll dann den folgenden Eckstoß parieren (Fangen, Fausten usw.).

- Nun trainieren wir den tiefen Hechtsprung. Der Trainingspartner oder Torwarttrainer steht mit einigen Bällen am Elfmeterpunkt. Er schießt den ruhenden Ball oder per Dropkick
mit halber Kraft in die linke oder rechte untere Ecke. Der Torwart fängt den Ball mit einem tiefen Hechtsprung.

- Wir steigern den Schwierigkeitsgrad und trainieren die Reaktionsschnelligkeit und den Abwehrreflex des Torhüters um
ein Vielfaches. Die vorhergehende Übung wird wiederholt,
aber der Keeper steht mit dem Rücken zum Trainingspartner
zentral auf der Torlinie. Auf dessen Zuruf dreht er sich um,
und versucht den Ball wieder mit dem tiefen Hechtsprung zu
halten.

- Kommen wir zu einer Torwartübung, die auch schon ab der
F-Jugend trainiert werden kann (maximal allerdings bis zur D-
Jugend). Es werden zwei Quadrate von 3m x 3m bis 5m x 5m
je nach Alter) markiert, die direkt aneinanderliegen.
In der Mitte des Quadrates steht jeweils ein Torhüter mit einem Ball in den Händen. Die kleinen Keeper stehen sich also
frontal gegenüber. Auf Kommando werfen sie möglichst hoch
und steil den Ball in das andere Feld. Jetzt sollen sie den Ball
des anderen Keepers sicher fangen. Die Übung wird oft wiederholt und dient zur Förderung der Fangsicherheit. Danach
wird der Schwierigkeitsgrad gesteigert. Die Kinder laufen ihrem eigenen Ball nach und sollen diesen wieder sicher auffangen. Dabei müssen sie darauf achten, dass sie den
anderen Torwart nicht behindern.

 # Torwarttraining für Kinder

- Bei dieser Übung befindet sich ein Keeper im Tor und ein Verteidiger im Strafraum. Zwei Angreifer in Ballbesitz stürmen etwa von 30 Meter Entfernung auf das Tor zu und wollen den unbedingten Torerfolg. Verteidiger und Torwart wollen dies natürlich verhindern. Die Stürmer haben freie Wahl, wie sie das Tor erzielen möchten. Fernschüsse, Alleingänge, Pässe und Doppelpässe sind unbegrenzt zulässig. Nach Beendigung der Aktion greifen die nächsten Stürmer an. Bei dieser Übung wird die Zusammenarbeit zwischen Verteidiger und Torwart optimiert.

- Wir setzen den Torwart bei einem einfachen Schusstraining verstärkt unter Druck, erhöhen seine Konzentrationsfähigkeit und steigern seine Reaktionsschnelligkeit.
Drei Stürmer laufen auf gleicher Höhe auf den Torwart zu. Jeder Stürmer ist in Ballbesitz. Die Entfernung der Stürmer zueinander bzw. nebeneinander beträgt etwa 10 Meter. Aus einer Entfernung von etwa 14 Metern schießt einer der Stürmer auf das Tor, der vorher dazu bestimmt wurde. Nach abgeschlossener Aktion laufen die nächsten drei Stürmer an usw.

- Die gleiche Übung erfolgt nun mit Nachschüssen. Nachdem ein Stürmer seinen Distanzschuss abgegeben hat, nimmt dieser die Mittelstürmerposition ein. Ein Stürmer mit Ball weicht auf die linke Flanke aus, der andere in Ballbesitz auf die rechte. Nacheinander flanken sie den Ball zum Stürmer, welcher den Torerfolg gegen den Keeper suchen soll.

 # Literaturverzeichnis

Claßen, M. / Schnepper, W.:
Taktiktraining im Jugendfußball, BOD, 2011

Claßen, M. / Schnepper, W.:
Taktiktraining im Jugendfußball 2, BOD, 2012

Claßen, M. / Schnepper, W.:
Pressing mit System, BOD, 2012

Schnepper, W / Claßen, M:
Bambini / F-Jugendtraining: 20 Trainingseinheiten, BOD, 2013

Schnepper, W / Claßen, M:
F-Jugend / E-Jugendtraining: 20 komplette
Trainingseinheiten, BOD, 2013

Schnepper, W / Claßen, M:
E-Jugend / D-Jugendtraining: effektive Übungen, BOD, 2014

Schnepper,W: Psyche im Kinderfußball, BOD, 2019

Baumann, S: Psychologie im Sport, Meyer & Meyer
Verlag Aachen, 2006

Schnepper, W: Fußballtrainer - Psychologie und Basiswissen,
BOD, 2019

Schnepper, W: Psyche im Kinderfußball, BOD, 2019

Schnepper, W: Fußballtrainer, BOD, 2019

Notizen

Notizen